MÉMOIRE

DE

J. ESNEAUX,

Interjetant appel d'un Jugement du Tribunal de Police correctionnelle qui le condamne à trois mois de prison, etc., comme auteur d'une brochure intitulée : *Réflexions sur le procès de M. A. C. Scheffer.*

PARIS,

Chez { SCHERFF, Libraire, place du Louvre, n°. 22;
DELAUNAY, Libraire au Palais-Royal.

De l'Imprimerie de HOCQUET, rue du Faubourg Montmartre, n°. 4.

1818.

PRÉFACE.

Le Tribunal de police correctionnelle du département de la Seine m'a condamné, par jugement du 28 février dernier, à trois mois d'emprisonnement, 50 fr. d'amende, à rester trois mois sous la surveillance de la haute police, et à fournir un cautionnement de 200 fr.

J'appelle de ce jugement.

Mes moyens en appel sont en partie les mêmes que ceux que j'avais à faire valoir en première instance ; ainsi mon premier Mémoire en appel ne doit être autre chose que le discours que j'ai lu au Tribunal de police correctionnelle, et auquel j'ai fait peu de changement. Un second Mémoire achevera d'établir aux yeux de mes concitoyens la justice de ma cause.

MÉMOIRE

DE

J. ESNEAUX.

Messieurs,

Il m'a été remis plusieurs pièces, savoir :

1°. L'ordonnance rendue par Me. Mesnard, juge d'instruction, portant commission rogatoire pour saisir mon ouvrage.

2°. Le procès-verbal de saisie.

3°. Le procès-verbal du dépôt de l'ouvrage au gref du tribunal.

4°. Lordre de M. le procureur du Roi pour la notification de la saisie.

5°. La notification de la saisie.

6°. L'ordonnance rendue en la chambre du conseil, laquelle ordonnance maintient la saisie, et me traduit devant vous.

Ces six pièces, les seuls documens que j'aie sur mon affaire, ne parlent que de la loi du 9 novembre. J'en dois conclure que je ne suis prévenu d'avoir péché contre aucune autre loi. Je n'ai donc à me défendre que contre cette loi. De sorte que si je démontre que je n'ai point commis les délits spécifiés par cette loi du 9 novembre, je me serai légalement justifié.

En conséquence je prouverai que toutes les accusations du ministère public portent à faux, et que lors même qu'elles m'atteindraient, elles ne constituent aucun des délits prévus par les art. 5, 8 et 10 de la loi du 9 novembre, articles dans lesquels on doit, selon l'ordonnance de mise en prévention, qui cite ces trois articles, et n'en cite aucun autre, trouver mon délit, si toutefois j'ai commis un délit.

Avant d'entamer cette discussion, j'exposerai quelques doutes sur le fait de la saisie de mon ouvrage.

Quand on dépose un ouvrage, il semblerait qu'on devrait livrer son dépôt d'une main, et retirer le récépissé de l'autre main; sinon, au moyen de cette formalité du dépôt, et de la nécessité de représenter le récépissé avant la publication d'un ouvrage, la police pourrait se faire livrer successivement toute une édition, et refuser encore le récépissé. Car si le dépôt a lieu aujourd'hui, et qu'on puisse me renvoyer à demain pour en retirer le récépissé, la police pourra me soutenir demain que je ne lui ai pas fait de dépôt la veille, il faudra donc que je fasse demain un second dépôt, que l'on pourra nier encore après-demain, et ainsi de suite toute l'édition y passera. — Quand j'ai présenté ces considérations au directeur de la librairie, il m'a répondu que de telles suppositions étaient inadmissibles. Mais pour ne point admettre de telles suppositions, il faudrait se confier à la bonne foi de la police, et alors pourquoi la loi exige-t-elle le récépissé ? — On dira qu'on ne voudra jamais qu'obtenir un court délai pour examiner l'ouvrage ; pourquoi la loi ne parle-t-elle pas de ce délai, s'il est nécessaire, et s'il ne l'est pas, pourquoi me l'a-t-on pas fait souffrir? — La loi ne prescrit pas ce délai de vingt-quatre heures entre le dépôt et le récépissé; donc il est illégal, ou je ne connais plus la valeur des termes; cependant on m'a fait souffrir ce délai illégal, on est donc sorti des bornes de la loi, on s'est donc armé du droit de la force! — Si je dis faux qu'on me réfute; si je dis vrai, qu'on renonce à l'abus que je signale.

Messieurs,

Les griefs que l'on m'impute roulent, l'un sur

l'ensemble de l'ouvrage, les autres sur les détails.

J'examinerai le premier séparément, afin de le préciser s'il est possible.

Ni l'ordonnance qui me traduit devant vous, ni mon interrogatoire, ni le discours du ministère public, rien ne m'a expliqué comment mon ouvrage peut être séditieux dans son ensemble, il faut donc que je le cherche moi-même.

Veut-on dire que certains détails, qualifiés séditieux, étant répandus dans l'ouvrage, en rendent l'ensemble séditieux? Dans ce cas, en justifiant les détails, je justifierai l'ensemble, et l'accusation sur l'ensemble paraîtrait surabondante.

Quoi qu'il en puisse être, la réunion des deux circonstances *dans son ensemble et dans ses détails* (1) donne à entendre, selon moi, qu'il y a contre l'ensemble de mon ouvrage une double prévention : l'une portant sur les détails, et influant sur l'ensemble comme les qualités des parties doivent influer sur leur tout, l'autre ne porterait que sur l'ensemble. — Voilà, je crois, le véritable état de la question, voilà du moins

(1) Termes de l'ordonnance de mise en prévention.

la plus grande extension possible, et c'est de ce point que je pars, afin d'embrasser toutes les difficultés qu'elle présente.

Pour la prévention, qui des détails s'étendrait jusqu'à l'ensemble, je la dissiperai en justifiant les détails qualifiés séditieux; mais pour la prévention, qui naît de l'ensemble lui-même comme ensemble, je confesse que je suis dans le plus grand embarras; car, puisque cette prévention ne vient pas de la criminalité des détails, j'aurai beau justifier ceux-ci, la prévention subsistera toujours contre l'ensemble.

Or cette criminalité de l'ensemble qui ne serait pas dans les détails, n'existerait point, ou se trouverait dans les arrangemens et les rapprochemens des phrases. — Alors donc, l'accusation devait au moins indiquer ces arrangemens et ces rapprochemens qui constitueraient le délit. — Il le faudrait, pour que l'accusation fût claire et précise, comme l'exige la raison, l'équité et la loi même; il le faudrait pour que l'accusé pût démontrer son innocence d'une manière victorieuse, ou qu'il restât évidemment convaincu de sa culpabilité. — Mais, Messieurs, ne vous rendez point encore à toutes ces raisons, et voyez ce qui doit arriver quand le prévenu est contraint de chercher lui-même ces arrangemens et ces rapprochemens qu'il faut justifier ensuite.

Il arrive que sa justification est ou n'est pas convaincante. Si elle est convaincante, on se dit qu'il n'a soin de ne justifier que ce qui est *justifiable* : alors il se défend inutilement et à faux; si sa justification est moins lumineuse, elle tourne contre lui et sert à le condamner : car, pourquoi s'attache-t-il à justifier précisément tels ou tels points plutôt que tels ou tels autres, si les premiers ne lui semblent pas criminels à lui-même. Ainsi le choix qu'il ferait, pourrait devenir une sorte d'aveu capable de le perdre. Cependant il ne peut se dispenser de choisir qu'en justifiant tous les arrangemens possibles des phrases de son livre, ou en refusant d'en justifier aucun. S'il n'en justifie aucun, l'accusation subsiste, il refuse d'y répondre, c'est un aveu tacite, il se reconnaît coupable; il devra donc les justifier tous; or cela est physiquement impossible : tous les individus de l'espece humaine, se partageant la besogne, travailleraient cent années avant de pouvoir, je ne dis pas discuter, mais seulement écrire la suite des arrangemens que l'on peut faire avec les phrases d'un livre même très-petit. Le mien, par exemple, contient vingt-quatre pages pleines, petit in-8°.; ces vingt-quatre pages offrent cent soixante phrases et les premières notions d'algèbres suffisent pour connaître que cent soixante phrases donnent un nombre d'arrangemens si considérable, qu'on peut à peine l'énoncer. Ce nombre est représenté par une suite de deux cent cinquante-trois chiffres, et le nombre présumé des grains de sable de la terre n'est composé que de trente-un chiffres.

Ce calcul paraîtra minutieux et puéril à quelques uns; mais ce n'est pas ma faute si cent soixante phrases donnent un déluge de combinaisons; et, encore une fois, si l'auteur ne justifie pas tout, il se perd en justifiant *quelque chose comme en ne justifiant rien.*

On objectera sans doute que je vais chercher bien loin des possibilités qui me servent, afin d'éviter ce qui est sous mes yeux pour me condamner, et qu'en parlant de l'ensemble de mon ouvrage, on entend l'arrangement des phrases tel qu'il se présente à la lecture. Je défie le génie de la sédition lui-même de faire un enchaînement de cent soixante phrases séditieuses d'un bout à l'autre, et séditieuses par leur seul enchaînement; car si les phrases étaient séditieuses en elles-mêmes, ce ne serait plus le point que je discute. Mais je suppose encore l'impossible : le premier qui a reconnu un caractère séditieux dans l'enchaînement de mes cent soixante malheureuses phrases, n'a pu reconnaître ce caractère que par une opération de l'esprit, appelé raisonnement ; sinon ce serait une idée vague, sans fondement et sans consistance, une fantaisie, un pur caprice, comme toute idée qui n'est point le fruit d'un raisonnement. A dieu ne plaise, Messieurs, que je ne veuille faire à aucun magistrat l'injure de le supposer capable d'avancer, contre un prévenu, une accusation aussi frivole ; ce ne peut être, ce n'est point là ma pensée ni celle de personne ; mais cela même est un motif de reconnaître que l'accusation formée contre l'ensemble et rien que l'ensemble de mon ouvrage a pour base un raisonnement. Or, ce raisonnement, pourquoi ne m'est-il pas produit ? Toute ma défense, sur ce point, se borne à le combattre ; si je le détruis, je suis justifié ; il faut donc que je le connaisse ; il était même la base nécessaire du chef d'accusation, base nécessaire en vertu de cet axiôme *actori incumbit onus probandi*.

On dira peut-être que le délit est manifeste. Si cette assertion suffisait ici, elle devrait suffire partout, et l'accusateur ne serait jamais tenu de prouver l'accusation : il suffirait de dire que l'ensemble de la vie d'un homme est séditieuse, sans lui imputer aucun fait séditieux ; cet homme serait obligé de devenir son propre accusateur avant de se défendre ; il faudrait qu'il se cherchât un délit, au moins apparent, pour prouver que ce délit n'existe pas.

Quoi qu'il en soit, le ministère public n'a point dit un mot du caractère séditieux qui régnerait dans l'ensemble de mon ouvrage et qui pourtant ne viendrait pas du caractère présumé séditieux des détails. Ce silence, sur ce point, est-il une omission ou un abandon volontaire ? Le tribunal consent-il à abandonner lui-même ce chef d'accusation? La justification des détails suffira-t-elle pour justifier l'ensemble?

L'affirmative, si j'avais pu la préjuger, m'aurait épargné une discussion longue et fastidieuse; la négative me forcerait à demander par quel raisonnement on veut établir un chef d'accusation si étrange et si vague, et à rappeler qu'en détruisant ces raisonnemens j'anéantirais l'inculpation.

Je prie le tribunal de vouloir bien prendre une décision à cet égard.

(*M. le Président a répondu:* « vous avez con-

» naissance des charges , dites tout ce que » vous croirez utile à votre défense et con- » tinuez-la.)»

La criminalité de l'ensemble est difficile à concevoir dans un écrit dont les détails ne seraient pas criminels ; ainsi en justifiant les détails , je vais justifier l'ensemble.

Il me sera facile de justifier les neuf passages signalés comme séditieux , et de réfuter les argumens du ministère public qui tendent à les inculper.

La première inculpation porte sur la préface ; voilà cette préface tout entière.

PRÉFACE.

« M. Scheffer a voulu défendre les principes. » —Je défends M. Scheffer. —Y a-t-il besoin » d'être avocat pour cela ?

» On ne m'accusera pas de m'être laissé » gagner par les louanges que me donne » M. Scheffer. Je le crois innocent, je le dis. »

On a attaqué les deux premières lignes : *M. Scheffer a voulu défendre les principes , je défends M. Scheffer.*

Notez bien , messieurs , que je ne dis point *M. Scheffer* A DÉFENDU *les principes* , comme me le fait dire le ministère public (1) , mais

(1) M. Marchangy ayant dit plusieurs fois , dans le cours

M. Scheffer A VOULU *défendre les principes.*

Ce changement n'est pas aussi indifférent en lui-même qu'il a pu le paraître au ministère public : par le sens de ma phrase, il est évident que je parle de l'intention de M Scheffer et non de son fait que vous avez jugé. Il a pu vouloir défendre les bons principes et ne les pas défendre en effet; j'ai pu reconnaître en lui une bonne intention, et en faveur de cette bonne intention j'ai pu prendre sa défense.

Il ne faut donc pas me faire dire affirmativement : M. Scheffer *a défendu* les principes, et m'opposer le fait, quand je ne parle que de l'intention, afin de conclure plus facilement; ensuite que j'ai adopté les principes de M. Scheffer (2), *sans autre motif que de faire imprimer et publier l'apologie d'un écrit déféré à la justice commeséditieux, que d'applaudir aux principes dangreux qu'il contient; que de les dé-*

---

des débats, que je citais toujours faux, j'indiquerai au lecteur le moyen de vérifier mes citations, en le renvoyant au n°., à la page, à la colonne, au paragraphe, à la ligne des journaux qui ont passé à la censure, et contre lesquels personne n'a réclamé. Pour cette première citation, voyez les annales du 8 février, page 2, colonne 2, paragraphe 4, lignes 3 et 4.

(2) Annales du 8 février, page 2, col. 2, parag. 5, lig. 9.

velopper avec une sorte d'affectation. Il ne faut pas non plus tirer de cette conclusion qui découle d'une erreur, (car je ne vois en tout ceci qu'une erreur) la peu charitable conséquence (1) *que j'entre dans le délit de vive force, que j'aspire à m'en rendre complice, et que je brigue le honteux éclat d'un procès correctionnel. Le honteux éclat d'un procès correctionnel!* comme si tout le monde ne pouvait pas être accusé en police correctionnelle! comme si la honte était aux ordres des accusateurs et n'attendait que leur volonté pour flétrir le front de l'innocence!

Je le répète, je n'ai point dit: *M. Sheffer a défendu les principes, je défends M. Scheffer;* j'ai dit seulement: *M. Scheffer a voulu défendre les principes*; il est clair que c'est de son intention et de son intention seule que je parle; que c'est en faveur de cette intention seule que je déclare prendre la plume pour la défense de M. Scheffer, et que cela ne prouve nullement que j'aie *adopté* ou *défendu ses principes*, mais seulement *les principes que j'ai cru qu'il avait voulu défendre.*

On ne peut dire que l'expression: M. Scheffer

---

(1) Annales du 8 février, pag. 2, col. 2, parag. 5, lig. 12.

a défendu, soit équivalente à la mienne M. Scheffer *a voulu défendre* : N'a-t-on pas vu des maladroits tuer ceux à qui ils voulaient porter secours ; et parce qu'ils avaient *voulu défendre* leurs amis, devaient-ils se couronner de fleurs comme s'ils les avaient réellement défendus? Cette interprétation serait évidemment fausse. Je suppose encore qu'elle ne soit pas, ou même que j'aie dit ce que me fait dire le ministère public ; si l'on voulait en conclure que le but de mon ouvrage est de justifier les principes émis par M. Scheffer dans l'ouvrage intitulé : *de l'état de la liberté en France*, je dirais, dans cette hypothèse, qui n'est qu'une hypothèse contre laquelle je proteste ; je dirais : « oui, mon but a été de justifier les principes que j'ai vus dans cet ouvrage, mais non pas ceux qui pourraient s'y trouver et que je n'y aurais pas reconnus, car on ne peut supposer personne assez stupide pour vouloir justifier ce qu'il ne connaît pas. Or, j'atteste que je n'ai vu et reconnu dans cet ouvrage que les principes que j'ai transportés dans le mien. Comment prouvera-t-on que j'en ai vu d'autres, et qui pourra le dire sans le prouver, quand j'affirme le contraire? De plus, ceux des principes de M. Scheffer que j'aurais dû, quoique j'en dise, remarquer dans son ouvrage, et que je ne me serais pas appropriés, ne peuvent être rappelés à ma charge, puisque, si je les ai vus, je les ai donc rejetés, et ce rejet peut être une improbation. Il faudra donc admettre que je n'ai entendu défendre dans l'ouvrage de M. Scheffer que les principes que j'ai transportés dans le mien : et ces principes, qui sont dans mon ouvrage, pourquoi les aller ap précier ailleurs, quand c'est moi que l'on juge? De deux chose l'une, ou je les ai transportés dans mon ouvrage tels que les avait présentés M. Scheffer, ou je les ai modifiéss en me les appropriant. Si je les ai conservés intacts, la justice ne perdra rien à les examiner dans mon écrit, et il me semble que j'ai le droit de demander à être jugé sur mon ouvrage et non sur celui de M. Scheffer, *duquel je n'ai pas extrait dix lignes*. Si au contraire j'ai modifié les principes de M. Scheffer, ce ne sont donc pas les siens que j'ai adoptés et défendus, donc on ne peut rien inférer du caractère jugé de son ouvrage pour ou contre le caractère du mien qu'il faut juger à part, en lui-même et pour lui-même.

Lors même que les deux ouvrages seraient identiquement les mêmes et copiés mot pour mot l'un sur l'autre, la condamnation de M. Scheffer ne devrait pas être rappellée dans mon affaire, par la raison qu'en prenant ses conclusions contre M. Scheffer, le ministère public a vivement insisté sur la qualité d'étranger de M. Scheffer (1), qu'il a demandé qu'on lui arrachât comme tel le bouclier de la Charte, pour l'abandonner à toute la rigueur de la loi du 9 novembre, et qu'après ces mêmes conclusions, le dispositif du jugement de condamtion déclare M. Scheffer étranger; qu'ainsi tout prouve qu'effectivement M. Scheffer n'a pas joui du bienfait de la Charte, et qu'il en a été privé comme étranger. Or, je suis Francais, et, en cette qualité, je puis, selon l'expression du ministère public (2), « placer derrière la loi du » 9 nov. les grandes lumières de la Charte, et, » par là, faire transpirer jusque dans cette loi » même des émanations libérales et constitu- » tionnelles ». Donc le jugement de M. Scheffer, déclaré étranger par ce même jugement, n'est d'aucune application contre moi, qui suis Français, quels que soient d'ailleurs les rapports

---

(1) Voy. Moniteur du 12 janvier, pag. 47, col. 3, parag. 12, 13, 14, 15, 16, 17.

(2) Voy. Moniteur du 12 janvier, pag. 47, col. 3, parag. 16, lig. 1.

des deux écrits. Je dois insister sur ce point, car si je l'abandonnais, je paraîtrais aux yeux du ministère public condamné (1) d'avance par la condamnation du sieur Scheffer.

Mais je me hâte de rappeler que tout ceci ne roule que sur une hypothèse matériellement fausse, je me renferme dans la vérité : J'ai défendu un homme qui m'a paru avoir une bonne intention : le tribunal a décidé que cet homme avait erré dans l'exécution ; mais le tribunal n'a pu décider que cela. Je n'ai adopté les principes de personne, et l'on ne peut m'attribuer que ceux que j'ai professés dans mes propres écrits. Je suis donc pleinement dégagé de la prévention où l'on voulait m'entraîner, en m'accusant d'avoir admis les principes de M. Scheffer.

Le ministère public dit encore (2) que *le jugement qui punit le sieur Scheffer, étant postérieur à la publication de la brochure du Sr. Esneaux, ce jugement semblait à-la-fois atteindre d'un seul coup deux ouvrages qui sont identiquement les mêmes.*

---

(1) Annales du 8 février, pag. 3, col. 1, parag. 2, lig. 3 et 12.

(2) Annales du 8 février, pag. 3, col. 1, parag. 2, lig. 12.

Si les deux ouvrages étaient identiquement les mêmes, il y aurait dans cette assertion quelque chose de juste, en supposant encore qu'on n'eût pas refusé à M. Scheffer, à cause de sa qualité d'étranger, le secours de la Charte, dont rien ne peut me priver, moi qui suis Français. Mais comment peuvent être *identiquement les mêmes* deux ouvrages, de la même impression et du même format, dont l'un a 72 pages, et l'autre seulement 30 pages? Avec une telle différence de volume, il faut que j'aie omis ou rejetté la moitié des pensées de M. Scheffer, si je n'ai rien changé à celles que je rapporte, ou que je les aie toutes étrangement mutilées. Dans l'un ou l'autre de ces cas, où est l'identité, quand tout le monde convient qu'un mot changé suffit pour changer tout un passage et le rendre criminel s'il était innocent, et innocent s'il était criminel.

De tout ceci il résulte que c'est mon ouvrage seul qu'il faut juger pour lui-même et par lui-même. Cette nécessité résulte encore du discours du ministère public, où il est dit (1) que je me suis *fermé toute voie de salut, en allant plus loin que le sieur Scheffer.* Observez, je

(1) Annales du 8 février, pag. 6, col. 1, parag. 2, lig. 20.

vous prie, Messieurs, que puisque je suis allé plus loin que monsieur Scheffer, mon ouvrage et le sien ne sont donc pas identiquement les mêmes, et ce défaut d'identité, qui fait penser au ministère public que je suis allé plus loin que M. Scheffer, peut être vu d'un autre œil par le tribunal, et lui faire penser que je suis allé moins loin que le sieur Scheffer, et même que je ne suis pas entré dans le délit.

Contre cette première phrase toute seule, « *M. Scheffer* A VOULU *défendre les principes, je défends M. Scheffer*, » qu'on ne parviendra jamais, quoi qu'on fasse, à rendre équivalente à cette autre : « *M. Scheffer* A DÉFENDU *les principes, je défends M. Scheffer* ». On avait élevé deux inculpations ; je viens de répondre à la première, je passe à la seconde :

J'ai défendu un prévenu qui depuis a été condamné.

Le premier article de la Charte dit : « *Les Français sont égaux devant la loi* ». Donc ce qui serait criminel en moi, l'est également dans un autre Français. Or, un autre Français, qui n'a sur moi que la supériorité des talens, a publié la défense d'un individu déjà condamné et condamné à la peine capitale ; il n'est point poursuivi, pourquoi le suis-je ? Son ouvrage est aussi ancien que le mien, tout le monde le connaît, le ministère public n'en peut ignorer l'existence et le but; pourquoi le ministère public le laisse-t-il circuler par le monde, si le but en est criminel devant la loi, ou si l'on peut sans crime défendre un homme déjà condamné à la peine capitale? on ne peut être coupable pour le fait seul d'avoir défendu un homme qui était encore en état de simple prévention en police correctionnelle.

Voltaire a défendu Sirven près d'être condamné à mort;

Benjamin de Constant a défendu un homme déjà condamné à mort;

Voltaire a défendu la mémoire d'un homme déja exécuté à mort;

Ces défenses généreuses sont les plus beaux titres de gloire de ces deux écrivains qui ont d'ailleurs tant de titres de gloire; et moi, qui ne prétends point à la célébrité, je serais coupable pour m'être intéressé à un homme qui n'était encore que prévenu, qui n'était prévenu que d'un simple délit, qui depuis n'a été condamné qu'à une peine de simple police et qui dans cet instant même appelle de son jugement, et peut encore être absout.

Voltaire et Benjamin ont défendu des hommes

qu'ils ne connaissaient pas ; cette circonstance leur a mérité de nouveaux éloges; et moi quand je défends, non pas un inconnu, mais un adversaire déclaré, on devrait me traîner devant les tribunaux, et me dire que (1) *n'ayant point de mission, je me constitue indiscrètement le patron d'un prévenu, que j'entre de vive force dans le délit, que j'aspire à m'en rendre complice, que je brigue le honteux éclat d'un procès correctionnel!* Plutôt que de supposer un motif généreux à la conduite d'un homme dont l'honneur est encore intact, on imagine (2) une *concurrence* criminelle, et l'on se demande ensuite si *d'obscurs artisans de discorde ont voté des primes d'encouragement à quiconque braverait l'action des lois!* Et quand d'obscurs artisans de discorde auraient voté ces primes dont vous parlez, qui vous l'a dit que je serais homme à me vendre au plus offrant? Ah! sans doute, il en est qui s'estiment assez peu pour se vendre! ceux-là ont une fortune et des charges sous tous les régimes; et moi, sous tous les régimes je n'ai ni charges, ni fortune. Non; plus j'y réfléchis,

---

(1) Annales du 8 février, pag. 2, col. 2, parag. 5, lig. 7 et 12.

(2) Annales du 8 février, pag 3, col. 1, parag. 1, lig. 5.

plus je me persuade que ce n'est pas moi qui dois rougir de ce soupçon de vénalité que rien n'autorise..... du moins à mon égard.

Je n'ai pas de *mission* (1), dites-vous? Voltaire en avait-il plus que moi? Poursuivez donc son ombre. — Benjamin de Constant a-t-il une mission pour défendre l'infortuné Wilfrid? faites donc taire les applaudissemens de la France, et poursuivez-le comme moi. Mais bien loin de-là, j'entends dire que la Cour de Cassation, dont la sagesse a souvent étonné le monde civilisé, attend les lumières d'un second écrit pour prononcer définitivement sur le sort de l'infortuné Wilfrid (2). On peut donc défendre un prévenu sans autre mission que l'amour de la justice et de l'humanité.

Non, ce n'est point pour avoir défendu un prévenu postérieurement condamné, que je pouvais être moi-même accusé, mais parce que j'aurais défendu les principes de ce prévenu; or j'ai démontré tout-à-l'heure que je n'avais pas défendu ses principes : le premier chef d'accusation est donc détruit dans ses deux parties, et ce premier passage, « *M. Scheffer a voulu*

---

(1) Annales du 8 février, pag. 2, col. 2, parag. 5, lig. 7.

(2) On le disait.

défendre les principes, je défends M. Scheffer, » est purgé de tout soupçon de criminalité.

Mais, quand encore ce passage ne serait pas innocent d'une manière absolue, où est la loi qui qualifie délit l'action de ceux qui défendent des prévenus par le seul amour de la justice, et sans autre mission que la philantropie ? La loi du 6 novembre ne va pas jusque là, et les art. 5, 8 et 10 de cette loi ne peuvent s'appliquer ici.

Le second chef d'accusation, porte sur la fin de la page 9 et les pages 10 et 11. Voici ce passage : « *Dans les procès de ce genre* (1), » dit M. l'Avocat du Roi, *les prévenus fondent* » *leur système de défense sur la charte consti-* » *tutionelle, quoique souvent ils ne puissent rai-* » *sonnablement l'invoquer ;*

» Ils l'ont donc quelquefois invoquée rai- » sonnablement ? et pourtant tous ont été con- » damnés sans exception. Faut-il conclure que » les juges ont été plus rigoureux que la loi, « ou que la loi tue la liberté formellement « accordée par la charte ? Quant à moi, je ne » décide rien, je n'avance rien, je questionne

---

(1) Moniteur du 12 janvier, pag. 47, col. 3, parag. 12, lig. 1.

« pour m'instruire, j'interroge aussi humble-
» ment que je le puis.

» *Le Français (1) peut placer derrière la loi*
» *du 9 novembre les grandes lumières de la*
» *charte, et par là, faire transpirer jusque dans*
» *cette loi même, des émanations libérales et cons-*
» *titutionnelles.*

« Ceci est bon à noter pour les malheureux
» qu'on poursuit en vertu de cette loi. La majo-
» rité de la Chambre de 1815 va hurler d'an-
» goisse, comme à la nouvelle de l'évasion de
» Lavalette. Quoi, des émanations constitu-
» tionnelles jusque dans la loi du 9 novembre!!!
» Mais encore une fois, cette loi n'est donc pas
« constitutionnelle par elle-même, puisqu'il
» faut invoquer la charte pour y faire transpirer
» des émanations constitutionnelles? Comment
» donc qualifier cet acte du 9 novembre, qui
» se place indiscrètement dans notre code sous
« le titre de loi, cet acte si généralement et si
» justement abhorré, soit qu'on l'examine en
» lui-même, soit qu'on veuille remonter à sa
» source. Il date de 1815, il a précédé de quelques
» jours le jugement inconstitutionnel et l'exé-

---

(1) Moniteur du 12 janvier, pag. 47, col. 3, parag. 16 lig. 1.

» cution à mort de l'infortuné maréchal Ney ; » il a suivi les massacres du midi, sur lesquels » ses auteurs s'obstinèrent à commander le si- » lence, dans la Chambre, par des vociféra- » tions indécentes, dans tout le royaume, par » cet acte même du 9 novembre. D'après ce » rapprochement, qu'a pu faire l'indignation » publique si longtems et si violemment com- » primée. Cet acte paraît n'avoir eu d'autre but » que d'étouffer les cris des victimes qui se dé- » bataient en vain sous le couteau des égor- » geurs et sous la hachedes bourreaux. Je sais » bien que tel ne fut pas le dessein des fougueux » partisans de la loi du 9 novembre ; mais je » les défie de prouver l'innocence de leurs in- » tentions. Que ce défi public survive à notre » âge par l'éternel châtiment de ceux que ne » peut atteindre la justice.

» Quelles que soient les grandes lumières de la » charte, elles s'éteignent derrière cette loi téné- » breuse où domine un arbitraire sans retenue » comme sans pudeur. Dans la conservation » *illimitée* de ce cette *loi provisoire* (1) présen-

(1) Mais *tandis que notre Conseil prépare* avec maturité les dispositions de la loi qui doit la rétablir (la juridiction prévotale) nous avons cru devoir chercher un *remède momentané*, dans une *législation provisoire* (préambule de la loi du 9 Novembre).

» tée aux Chambres, comme nécessaire pour » attendre la législation prévotale, je vois une » ruse bien basse, un bien misérable esprit de » chicane, un hardi mépris de l'opinion pu- » blique ».

« Cette loi punit rigoureusement, etc. »

Sur ce passage on a fondé trois accusations :

1°. La loi du 9 novembre est désignée par le mot *acte*.

2°. Le jugement du maréhal Ney est dit inconstitutionnel.

3°. J'ai dit encore que cet acte (la loi du 9 novembre) avait précédé de quelques jours le jugement inconstitutionnel et l'exécution à mort de l'infortuné maréchal Ney. (et un peu plus bas.) Cet acte paraît n'avoir eu d'autre but que d'étouffer les cris des victimes qui se débattaient sous le couteau des égorgeurs et sous la hache des bourreaux.

Je vais dissiper nécessairement ces trois inculpations.

1°. La simple lecture des ligues qui précèdent, va vous prouver, messieurs, combien la dénomination d'acte donnée à la loi du 9 novembre est peu répréhensible. J'avais cité une phase des conclusions du ministère public, voilà cette phrase : (1) « *Si le Français peut placer derrière la loi du 9 novembre les grandes lumières de la charte, et par là faire transpirer jusque dans cette loi même des émanations libérales et constitutionnelles, etc* ». Et j'ajoutais : Quoi ! des émanations libérales et constitutionnelles jusques dans la loi du 9 novembre !.. mais encore une fois, cette loi n'est donc pas constitutionnelle, puisqu'il faut invoquer la charte pour y faire transpirer des émanations libérales et constitutionnelles. Et comme j'avais rappellé précédemment que le Roi avait dit dans le préambule de l'ordonnance du 5 septembre, que *la charte est la base du droit public en France* J'ai ajouté : Comment donc qualifier cet acte du 9 novembre ?

Dans ce raisonnement les principes appartiennent, le second au roi, le premier au ministère public, et je me suis borné à demander la conséquence, ne la voulant point tirer moi-même.

Le ministère public avait avoué très-probablement, sans y songer, que la loi du 9 novembre n'était pas constitutionnelle, le Roi avait

(1) Moniteur du 12 janvier, pag. 47, col. 3, lig. 16.

dit que la charte est la base du droit public en France ; je n'ait fait qu'indiquer la conséquence par une question qui marquait encore un doute respectueux, et ce doute faisait injure à l'évidence.

Quelques-uns prétendront que j'aurais marqué plus de respect pour la loi en m'abstenant de l'examiner. — Par un singulier hazard, je remarque dans les Annales du 8 où je prends le discours du ministère public la nouvelle suivante.

Le marquis Patrizzi... est auteur d'un opuscule anonime intitulé : *la Divinité du christianisme prouvée par la raison naturelle.* Pendant les dernières révolutions de Rome, le marquis Patrizzi fut obligé de s'exiler pendant deux ans ; et c'est pour récompenser son dévouement que le pape le fit sénateur.

Puisque le pape estime et récompense l'auteur d'un livre intitulé *la Divinité du christianisme prouvée par la raison naturelle*, on peut discuter toute chose : et en effet, tout ce qui est bon étant vrai, la raison l'établira ou le confirmera ; tout ce qui est faux étant mauvais, c'est un bonheur que la raison le prévienne ou e détruise. Ainsi, après la religion, on peut bien discuter une loi ; il est vrai que j'ai discuté la loi, et que ma discussion n'a pas été avantageuse à cette loi. Mais ne discute-t-on les choses que pour les déclarer bonnes, quand même on les trouverait mauvaises ? non sans doute. Si donc je puis discuter la loi, je puis dévoiler ses vices, pourvu que je n'exhorte pas à lui désobéir tant qu'elle durera; je puis exhorter à la modifier et même à la retirer.

La Charte accorde à tous les Français le droit de discuter la loi : autrement que discuterait-on, et que serait le droit de publier et d'imprimer ses opinions? J'ai donc pu proposer un doute sur un vice de cette loi, surtout quand ce doute était la conséquence évidente et nécessaire de deux principes posés l'un par le souverain, l'autre par le ministère public. De ce que j'ai trois fois ensuite désigné la loi du 9 novembre par le mot général *acte*, il ne faut pas en conclure que j'aie gardé rancune à cette loi, et que je lui aie refusé son titre de loi, que je lui rends dans la même page 11, ligne 12; mais que, pressé par le temps qui fuyait, j'ai employé le mot acte, plutôt que le mot loi, parce que le mot acte, qui d'ailleurs convient fort bien à une loi, venait alors au bout de ma plume. Quand le mot loi s'est présenté à mon esprit, j'ai employé le mot loi, et je répète qu'il ne s'est pas fait attendre : ma brochure n'a pas trente pages pleines, et les mots la loi du 9 novembre y reviennent plus de vingt fois.

Quand effectivement j'aurais affirmé que la loi du 9 novembre n'était pas une loi, serait-ce un des délits prévus par les art. 5, 8 et 10 de cette loi : car il faut toujours sur chaque point en revenir à cette question.

Dans la discussion de cette loi du 9 novembre, je n'ai point tenté d'affaiblir, par des calomnies ou des injures le respect dû à la personne ou à l'autorité du Roi, il ne s'agit ici que de la loi, et la loi n'est pas le Roi : je prouverai tout-à-l'heure qu'on peut, sans manquer au respect, ni à l'obéissance dus au Roi, discuter la loi promulguée en son nom.

Je n'ai point non plus tenté d'affaiblir le respect dû aux membres de la famille royale, dont je n'ai point parlé; je n'ai invoqué le nom de l'usurpateur ni de personne, je n'ai point, à l'aide de cet écrit, excité à désobéir au Roi, dont je n'ai dit mot, ni même à la loi que j'ai discutée d'après deux principes posés l'un par le Roi lui-même, l'autre par le ministère public. Je n'ai point excité à désobéir à la Charte constitutionnelle, qui, au contraire, sert de base à tous mes raisonnemens.

Sera-ce dans l'art. 8 que je trouverai la définition de mon prétendu délit? — Ai-je, au moyen de mon écrit, répandu ou accrédité soit des alarmes touchant l'inviolabilité des propriétés dites nationales, soit des bruits d'un prétendu rétablissement des dîmes ou des droits féodaux? Je ne le crois pas. — Ai-je répandu des nouvelles tendant à alarmer les citoyens sur le maintien de l'autorité légitime, et à ébranler leur fidélité. — Pas davantage.

L'art. 10 ne parle que de la peine à infliger aux coupables.

Ainsi j'ai démontré que la première inculpation élevée contre le second des passages attaqués était sans fondement, je viens de démontrer que lors même qu'elle serait fondée, elle ne présenterait aucun des délits prévus par les art. 5, 8 et 10 de la loi du 9 novembre.

Je vais au second point du second passage :

2°. Le jugement du maréchal Ney est inconstitutionnel.

Ici se présentent deux questions:

1°. Le jugement du maréchal Ney est-il vraiment inconstitutionnel?

2°. Si le jugement du maréchal Ney est vraiment inconstitutionnel, peut-on le dire?

Ces deux questions se résolvent ensemble.

Le jugement du maréchal Ney est inconstitutionnel, je m'offre de le prouver sans réplique.

Le tribunal permet-il que je traite cette question? Si elle sort de la compétence du tribunal, le tribunal ne sera compétent pour me juger sur ce point, qu'autant qu'un des articles 5, 8 et 10 de la loi du 9 novembre dira que celui qui déclarerait inconstitutionnel un acte quelconque, cet acte fut-il vraiment inconstitutionnel, sera déclaré séditieux et puni de telle peine. Or, aucun de ces articles ne dit rien de semblable.

Dire que le jugement du maréchal Ney est inconstitutionnel, n'est point le manque de respect ou d'obéissance à la personne ou à l'autorité royale spécifié par l'article 5, puisqu'il n'y a ici ni calomnie (surtout si le jugement est vraiment inconstitutionnel), ni injure, puisque encore une fois je ne parle point du Roi. Si l'on argumente de ce que le jugement était rendu au nom du Roi, c'est manquer au Roi d'obéissance et de respect, que de qualifier ce jugement d'inconstitutionnel. Je réponds qu'il n'y a point ici manque d'obéissance, puisque le jugement a été exécuté, ni manque de respect, puisque je n'attaque ce jugement, rendu au nom du Roi et non par le Roi, qu'en ce qu'il a de contraire à la Charte, qui est vraiment l'œuvre du Roi.

3°. Cet acte (la loi du 9 novembre 1815) date de 1815 ; il a précédé de quelques jours le jugement inconstitutionnel et l'exécution à mort de l'infortuné maréchal Ney.

J'ai justifié l'expression jugement inconstitutionnel, on n'attend pas sans doute que je justifie l'épithète *infortuné* attachée au nom du maréchal pour l'exécution du jugement. Ce n'est ni une fiction ni un mystère. Il reste donc à justifier l'ensemble de la phrase.—Ce sont ici toutes choses connues, des faits avoués, qui sont arrivés sans ma participation et dont je ne puis être responsable. La loi, dont je parle, est du 9 novembre 1815 ; le maréchal Ney a été jugé et exécuté au commencement de décembre 1815, tout le monde le sait, et quand je dirais que la loi du 9 novembre n'aurait pas précédé un jugement rendu en décembre, on ne m'en croirait point : personne n'ignore que novembre précède décembre. Je n'ai donc rien appris à personne. Il n'est pas défendu, même par la loi du 9 novembre, de faire des citations justes de faits avérés. Or, ce n'est ici qu'une citation juste, et en vérité j'ai peine à concevoir comment je puis être répréhensible ! car si j'étais coupable pour avoir cité ces faits avec leurs dates, que seraient donc, grand dieu, les auteurs des faits dont la simple citation serait un crime! Mais, dira-t-on, en rapprochant les dates, vous indiquez, par la liaison des faits, une intention que n'ont point eu les auteurs de ces faits. Voilà donc en quoi seulement je puis avoir péché? J'aurais prêté aux auteurs des faits une intention qui n'est pas la leur. Sur ce point, messieurs, ma justification se trouve dans le passage même que l'on inculpe; il y est dit, d'après ce rapprochement..... Cet acte paraît n'avoir eu d'autre but que d'étouffer les cris des victimes qui se débattaient en vain sous le couteau des égorgeurs et sous la hache des bourreaux. Immédiatement après cela j'ajoute: *je sais bien que tel ne fut pas le dessein des fougueux partisans de la loi du 9 novembre.*

Ainsi, tout ce que j'ai dit, peut se réduire à ceci: cette loi du 9 novembre a été rendue en des circonstances si malheureuses, que ses auteurs paraissent avoir eu des intentions funestes, et pourtant, moi qui fais cette remarque, je suis moi-même convaincu qu'ils ne peuvent avoir eu ces intentions.

Si ensuite je leur porte le défi de justifier leurs intentions, dont j'ai commencé par confesser l'innocence, si j'ajoute enfin que ce défi survive à notre âge pour l'éternel châtiment de ceux que ne peuvent atteindre les lois, c'est afin de présenter, sous une forme plus frappante, les regrets des amis de la Charte, qui, tout en se soumettant aux lois d'exceptions, les détestent, parce qu'elles ne sont point dans la Charte qui est l'œuvre du Roi, et selon le Roi, la base du droit public en France, et qu'au contraire elles sont des atteintes portées à la Charte, à cette Charte à laquelle personne n'a le droit de porter atteinte; c'est afin de tirer du passé une leçon pour l'avenir; c'est afin d'engager les législateurs à se renfermer dans les bornes de cette Charte que je défendais seul en 1815, que j'ai défendu jusqu'aujourd'hui, et que l'on m'accuse de mépriser.

Dans la rapidité de la rédaction, j'ai laissé échapper une épithète fâcheuse, quoique non insultante; j'ai dit les fougueux partisans de la loi du 9 novembre. Quelques scènes ont justifié cette épithète donnée à la majorité de la Chambre de 1815, et l'ordonnance qui dissout cette Chambre, ne la dissout pas à cause de sa modération, apparemment, puisque depuis cette époque, on ne veut plus de députés de 25 ans. La joie qu'a porté dans toute la France cette ordonnance de dissolution, appellée ordonnance réparatrice, prouve bien que je n'étais pas seul mécontent de cette Chambre de 1815, et cependant j'ai déclaré, moi qu'on ne taxera pas d'abuser des précautions oratoires, j'ai déclaré que les intentions de la majorité de cette Chambre ne pouvaient être criminelles.

Si l'on prétend qu'avec les députés j'ai blessé tout ce qui a concouru à la formation de la loi, je me justifierai envers les autres législateurs comme envers les députés : je n'ai accusé les intentions de personne; tout le monde a pu se tromper en faisant une loi, comme je puis me tromper moi-même en critiquant cette loi. Or, la Charte me donne le droit incontestable de publier mon opinion sur la loi, pourvu que je m'y soumette; je me suis soumis à la loi, j'ai donc eu le droit de la juger. Sinon qu'on me montre dans les art. 5, 8 et 10 de la loi du 9 novembre, une disposition qui me prive de ce droit.

On dit que (1) j'ai *attaqué d'une seule phrase et une loi promulguée par le Prince, et un jugement rendu en son nom*, et que c'est une *double insulte à l'autorité souveraine*.

---

(1) Annales du 8 février, pag. 3, parag. 3, lig. 3.

Il n'y a pas seulement ici une simple insulte à l'autorité souveraine, que l'on devrait enfin ne plus mêler indiscretement dans toutes les querelles, si l'on avait pour elle autant de respect que j'en ai moi-même.

Tous les législateurs, tous les juges sont sujets à l'erreur : ainsi, dans tous les tems et sous tous les gouvernemens possibles, on peut trouver des lois mauvaises et des jugemens erronés; et comme, dans une royauté constitutionnelle, tout se fait ou nom du Roi, le nom du Roi risque toujours d'être attaché à de mauvaises lois et à des jugemens erronés. Mais, comme aussi tout se rapporte au Roi, et que l'esprit humain a des bornes, le Roi ne doit répondre de rien, par cela seul qu'il devrait répondre de tout s'il répondait de quelque chose. Ainsi le veut la raison, ainsi l'ordonne la Charte, qui déclare *la personne du Roi inviolable et sacrée, et les Minsitres seuls responsables* quoique *la puissance exécutive appartienne toute au Roi.*—Cette doctrine qui s'accorde si bien avec la Charte, n'est-elle pas mille fois plus respectueuse que celle qui rendrait le Roi responsable de tout le mal qu'on pourrait faire en son nom? Quelques-uns ont dit qu'avec ce principe on ferait du Roi une idole sans puissance; mais celui-la tient dans ses mains la véritable puissance, qui fait et défait les Ministres, premiers agens du pouvoir.

Ainsi, en critiquant un acte, soit législatif, soit judiciaire, je ne puis manquer au respect dû à la personne du Roi, quand je ne parle que de l'acte lui-même; quand je parle des auteurs de cet acte, sans désigner personne, il faut entendre les auteurs responsables devant la loi et la Charte, et non le Roi qui n'est pas responsable. — Reste à savoir maintenant si j'ai manqué à ce que je devais aux députés et aux juges du maréchal Ney.

Pour les députés, je me suis amplément justifié; pour les juges du maréchal Ney, un mot suffira. Je me suis borné à parler du fait et je n'ai dit mot, ni des auteurs de ce fait ni de leurs intentions. — Personne n'est infaillible.

Que peut signifier l'expression *loi d'exception* : une loi hors de la Charte, c'est-à-dire une loi non-constitutionnelle ou une *loi inconstitutionnelle.* Or, une loi inconstitutionnelle est pire qu'un jugement inconstitutionnel; car une loi touche toute la population, un jugement touche quelques individus; et quand on faisait *des lois d'exceptions*, pourquoi n'aurait-on pas rendu un jugement inconstitutionnel, c'est-à-dire un *jugement d'exception*, surtout lorsque le tribunal était lui-même une des branches du pouvoir législatif qui votait les lois d'exception.

D'ailleurs les articles 5, 8 et 10 de la loi du 9 novembre ne poursuivent point ceux qui auraient manqué de respect aux députés et aux pairs, et je n'ai à me justifier que devant cette loi.

On me fait un crime d'avoir dit :

Cet acte (celui du 9 novembre) paraît n'avoir eu d'autre but que d'étouffer les cris des victimes qui se débattaient sous le couteau des égorgeurs et sous la hâche des bourreaux.

Ici Messieurs, comme je l'ai déjà remarqué, s'il y avait quelque chose de répréhensible, ce serait d'avoir supposé une pareille intention aux législateurs. Or je ne leur ai point supposé une pareille intention ; j'ai dit que le malheur des tems, où cette loi fut rendue, semble autoriser ce soupçon, et je ne le produis que pour me hâter de le combattre, en ajoutant immédiatement après : je sais bien que tel ne fut pas le dessein des fougueux partisans de cette loi du 9 novembre. Remarquez en même tems, je vous prie, que déjà ici la loi du 9 novembre reparaît sous son titre de loi, ce qui ne serait pas arrivé si je ne l'avais pas reconnue pour une loi.

Si le délit dont je viens de prouver l'absence existait ici, serait-il l'un de ceux que poursuivent les art. 5, 8 et 10 de la loi du 9 novembre, je n'en crois rien. J'aurais pu attribuer aux législateurs l'intention, que j'attestais au contraire qu'ils n'avaient point eue, sans manquer pour cela au respect ni à l'obéissance dûs à la personne et à l'autorité royale, comme je l'ai précédemment établi.

Dans l'examen de ce second des passages attaqués, je n'ai point *fasciné l'auditoire*, comme le craignait le ministère public (1), ce n'est pas moi qu'on peut accuser d'avoir évoqué l'ombre du maréchal, *je le laissais dormir dans sa sanglante poussière* (2) je parlais d'un fait qui le touche sans parler de lui ; mais puisqu'on a déchiré le voile funèbre jetté sur sa tombe, je demanderai à ceux qui me font un crime d'avoir parlé de son jugement, comment ils conçoivent qu'une condamnation à mort protège la mémoire (3) du héros de la Bérésina ?

---

(1) Annales du 8 février, pag. 3, col. 1, parag. 3, lig. 7.

(2) Annales du 8 février, pag. 3, col. 1, parag. 3, lig 12.

(3) Annales du 8 février, pag. 3, col. 1, parag. 3, lig. 13, 14, 17, 18 et 19.

On a prévu des sophismes (1) et je hasarde une modeste question. Si l'on avait prévu des questions, je me serais peut-être permis des sophismes, ne fut-ce que pour mettre en défaut l'esprit de prédiction; mais certes, si l'on ne m'avait point fait l'injure de douter de ma discrétion, je ne me serais permis ni questions ni sophismes, ce qui eût mieux valu pour tout le monde.

J'arrive au troisième des passages attaqués.

Voici ce passage :

« *Les provocations indirectes, à moins* » *qu'elles ne soient les dégoûtantes inspira-* » *tions de l'ivresse ou de la démence, ne se* » *font guères entendre que dans les crimes* » *révolutionaires.... Dans ce triomphe de l'a-* » *narchie, les dispositions répressives sont* » *souvent impuissantes; il fallait donc pré-* » *venir le mal de plus loin, des provocations* » *indirectes sont les émissaires déguisés de la* » *sédition* (2).

» Prévenir est toujours le grand mot!! On

---

(1) Annales du 8 février, pag. 3, col. 1, parag. 3, lig. 11.

(2) Citation tirée du Discours du Ministère public, voy. Monit. du 12 Janvier, pag. 47, col. 3, parag. 18, lig. 4 et uivantes; pag. 48, col. 1, parag. 1, lig. 1.

» conte que l'Empereur de Maroc, grand docteur en législation préventive, imagina un jour de donner à ses Etats un code en un seul article qui prévenait tout !

» Pour prévenir tout mal possible, et assurer la tranquillité de mes sujets, j'ordonne que tout Maroquin se coupe la gorge. »

« Sans l'heureuse facilité de ce législateur, » qui embrassait l'universalité des choses dans » une loi de trois lignes, il aurait peut-être » aussi fait une loi pour prévenir les cris séditieux, et il aurait ordonné probablement que » tout loyal Maroquin se coupât la langue. Pour » nous qui ne sommes point arrivés à ce degré » de perfection, et surtout de laconisme, on » nous dit qu'une fois que nous aurons parlé, » les juges seront maîtres de déclarer nos discours séditieux, et de nous condamner en » conséquence : ceci est la traduction en langage ordinaire de la loi du 9 novembre, qui » punit les provocations indirectes, même sans » effet et quoiqu'elles ne se rattachent à rien, » comme aussi de ce passage du discours de » M. Marchangy, où il est parlé des *principes de sagesse et de raison auxquels le sacerdoce de la justice initie les magistrats* (1). »

(1) Moniteur du 12 Janvier, pag. 47, col. 3, parag. 18;

Il s'agit de l'Empereur de Maroc, et j'éprouve une véritable confusion à me voir réduit à prouver que je ne songeais pas à Louis XVIII. Mais, puisqu'on n'a pas hésité à faire cette allusion peu respectueuse pour le Roi, je vais montrer qu'elle ne m'appartient pas.

J'ai dit : page 17, ligne 3, de la brochure saisie : *Depuis que nous vivons sous le régime constitutionnel, on devrait bien en connaître le premier principe et ne plus affecter d'opposer la personne inviolable du Roi à toutes les attaques que s'attirent les agens qui ne sont pas et ne peuvent être inviolables ;* et un peu plus bas : *Il est vrai que le Roi signe aussi les mauvaises lois, mais comme tout se rapporte également à lui, et que l'esprit humain a des bornes, il ne répond de rien, par cela seul qu'il devrait répondre de tout, s'il répondait de quelque chose.* Cela s'accorde avec ce principe essentiellement constitutionnel, que le Roi est la source de tout bien, et n'est la source que du bien. Je ne sache point de doctrine plus respectueuse pour les Rois. — Ainsi, lorsqu'usant du droit constitutionnel d'imprimer mon opinion sur une loi, je ne désigne pas le

---

pag. 48, col. 1, parag. 1, 2, et notamment pag. 48, col. 1, parag. 1, lig. 11.

Roi, je ne dois pas être soupçonné de vouloir manquer de respect au Roi ; car si je trouve la loi bonne , où est le manque de respect à le dire ; si je la trouve mauvaise , le Roi n'y est pour rien. Mais dira-t-on , elle est promulguée au nom du Roi ! Toutes les lois ont le même avantage , faudra-il trouver bonnes même celles qui seraient évidemment mauvaises , sous peine de manquer de respect au Roi ? Si c'était manquer de respect au roi que de publier son opinion, la charte , œuvre du Roi , n'aurait pas donné à tous les Français le droit de publier leurs opinions , et si l'on objecte la restriction de l'article dont je parle, je réponds que supposer que la restriction ôte le droit de blâme , c'est déclarer que le droit se borne à louer , et què ce privilège est celui des esclaves. Ainsi je ne saurais trop le répéter, j'ai donc pu blamer la loi en m'y soumettant ; j'y ai trouvé l'arbitraire après le ministère public , qui a fait voir dans ses conclusions contre M. Scheffer, que cette loi était inconstitutionnelle (1), et que les juges l'expliquaient au moyen des *principes de raison et de sagesse auxquels le sacerdoce de la justice*

---

(1) Moniteur du 12 Janvier , pag. 47 , col. 3 , parag. 16, lig. 1 , 2 , 3 , 4.

initie les Magistrats. (2); et en effet, il faut bien de la *raison* et de la *sagesse* pour reconnaître les *provocations indirectes qui n'ont aucun effet et ne se rattachent à aucun complot.*(1) Toute la France voit et dit que cette loi ouvre le champ à l'arbitraire, et est un abus du système préventif. Pour tourner en ridicule cet arbitraire attaqué par tout le monde, détesté de tout le monde et funeste à tout le monde, et surtout ce malheureux système préventif, dont on ne peut calculer les déplorables effets, j'ai imaginé une loi où ces deux systèmes seraient déployés dans toute leur énergie.

Il est certain que la mort prévient tout mal possible, et l'Empereur de Maroc, que je suppose surpris de la fantaisie de faire un Code, ordonne à tous ses sujets de se couper la gorge.

On dit que j'ai insulté le Roi, parce que j'ai attribué cette loi à l'Empereur de Maroc; mais je ne pouvais point parler des députés de Maroc, qui n'existent point. Comme le Roi fait tout à

---

(1) Moniteur du 12 Janvier, pag. 48, col. 1, parag. 1, lig. 11 et 12.

(2) Loi du 9 Novembre.

Maroc, à Maroc le Roi répond de tout; en France, au contraire, il ne répond de rien; où est donc ici la ressemblauce, je ne dis pas indiquée, mais possible. Elle n'éxiste pas seulement dans les mots Empereur de Maroc et Roi de France. Je ne compare pas, et l'on ne peut, quoiqu'on fasse, comparer Louis XVIII à l'Empereur de Maroc; mais je compare la loi du 9 novembre, qui tue la liberté de la presse pour en prevenir les abus, à ma loi de Maroc, qui fait mourir les Maroquins pour prévenir les maux qui leur pourraient arriver dans le vie. Louis XVIII ne pourrait figurer ici que comme législateur, et je le répète, pour la dixième fois, et je le répéterai sans cesse, dans un gouvernement constitutionnel le Roi étant inviolable et non responsable, échappe à tous les reproches; les reproches les plus fondés sur les choses ne peuvent s'adresser à lui, et ne l'atteignent point, à moins qu'on ne le désigne expressément. Si l'on me fait voir en quoi je l'ai désigné, je suis coupable; sinon je ne le suis pas, et l'allusion reste à la charge de qui l'a montrée où elle n'existait pas. Quand encore ce principe constitutionnel que j'invoque, ne serait pas dans la Charte, et ne serait qu'une idée de ma tête, ne suffirait-il pas que je l'eusse établi dans la brochure même où l'on dit que j'ai manqué de respect au Roi? Or, ce principe se trouve longuement et méthodiquement établi dans ma brochure, page 17, ligne 5, et se prolonge jusqu'à la ligne 24 de la même page.

Je n'ai point sous les yeux les argumens dont le ministère public a étayé son accusation sur ce point. Je ne puis donc détruire ces raisonnemens par une réfutation directe qui m'eût été très-facile.

Voici le quatrième des passages attaqués :

« *N'est-ce point tenter d'une manière indi-*
» *recte, et l'on peut encore dire d'une manière*
» *directe et positive, d'affaiblir le respect dû*
» *à l'autorité du Roi, que de se soulever*
» *contre les lois qu'il proclame, que de les si-*
» *gnaler comme des inspirations cruelles et*
» *sanguinaires* (1).

» Si ce principe était admis, il s'en suivrait
» qu'il faudrait humblement souffrir toutes les
» lois; car toutes sont proclamées par le Roi;
» or parmi les lois il en existe, ou du moins il
» en peut exister de mauvaises : sera-t-il
» défendu de chercher à les faire retirer, et,

---

(1) Moniteur du 12 Janvier, pag. 48, col. 1, parag. 9, lig. 6, discours de M. Marchangy.

» pour y parvenir, ne doit-on pas montrer en » quoi elles sont mauvaises? Il faudra donc les » accuser les unes d'absurdité, comme la loi » du 9 novembre; les autres de cruauté comme » la loi du 9 novembre, et surtout celle du » 20 novembre qui établit les cours prévôtales. » En quoi donc la majesté royale est-elle ici » compromise? le nom du Roi est attaché à une » loi odieuse, parce que tout se fait en son nom, » bien qu'il ne soit responsable de rien, et que » toute la responsabilité du gouvernement pèse » uniquement sur le ministère. Depuis que » nous vivons sous le régime constitutionnel, » on devrait bien en connaître le premier prin- » cipe, et ne plus affecter d'opposer la per- » sonne inviolable du Roi à toutes les attaques » que s'attirent les agens qui ne sont pas, et » qui ne peuvent pas être inviolables. Quand » bien même le Roi serait injuste et cruel, il » ne pourrait faire des lois injustes et cruelles, » si les ministres ne prêtaient leurs signatures. » Il est donc raisonnable que ceux ci répondent » d'un mal qu'ils auraient pu empêcher, et » qu'ils n'auraient pas empêché. Il est vrai que » le Roi signe aussi les mauvaises lois, mais » comme tout se rapporte également à lui, et » que l'esprit humain a des bornes, il ne ré-

» pond de rien, par cela même qu'il répondrait » de tout s'il répondait de quelque chose.

» A ces motifs assez puissans par eux-mêmes » on peut ajouter l'article 13 de la Charte. La » personne du Roi est inviolable et sacrée ; les » ministres sont responsables : au Roi seul ap- » partient la puissance exécutive. »

Rien n'est moins coupable que ce passage, cependant on y reprit les lignes suivantes : *il faut donc les accuser* (les mauvaises lois) *es unes d'absurdité comme la loi du* 9 *novembre , et surtout celle du* 20 *novembre qui établit les cours prévotales.*

L'article de la loi du 9 novembre, qui punit de peines rigoureuses des provocations indirectes qui n'ont eu aucun effet, et ne se rattachent à aucun complot, ouvre le champ à l'arbitraire ; or l'arbitraire est toujours absurde dans le régime constitutionnel, donc la loi qui l'amène est absurde. Elle est de plus cruelle, puisqu'elle prononce des peines rigoureuses. La loi des cours prévotales n'admet point le jury, et selon cette loi, les cours prévotales qui peuvent prononcer la peine de mort, jugent sans appel, sans recours en cassation, et leurs arrêts s'exécutent dans les vingt-quatre heures. Cette disposition est cruelle: J'en atteste Lyon noyé dans le sang et les larmes.

Je n'ai donc dit que des vérités, et ces vérités ne font injure ni aux lumières, ni à l'humanité des législateurs : le plus spirituel, le plus civilisé des peuples de la Grèce antique cherchant un législateur parmi ses citoyens, dut choisir uu homme humain et sage, sage puisqu'il s'agissait de donner des lois à la ville de Minerve, humain puisque le peuple demandait un code pour lui-même. Dracon fut cet homme sage et humain qui mérita tous les suffrages, et Dracon ne donna pas une loi cruelle, mais tout un code cruel, tant il est vrai que tous les hommes sont sujets à l'erreur, et surtout les politiques après de grandes catastrophes. Or, s'ils peuvent se tromper, il semble raisonnable que ceux qui souffrent de leurs erreurs, puissent au moins se plaindre de ces erreurs.

J'arrive au quatrième des passages attaqués, sur lequel M. l'avocat du Roi s'exprime en ces termes (1) : *Le prévenu voulant justifier la protestation que fit la Chambre des cent jours, postérieurement à sa dissolution, s'exprime ainsi : le Roi n'ayant pas encore été replacé sur le trône, n'avait pu rétablir la charte par*

---

(1) Annalles du 8 février, pag. 3, col. 1, parag. 4, lig. 1 et parag. 5, lig. 3 et lig. 8.

un acte public. — *Quoi!* s'écrie le ministère public, *quoi Louis XVIII, après les cent jours, avait besoin qu'on le replaçât de nouveau sur le trône,* et la charte, cet acte immuable donné pour toujours et à jamais, il fallait donc aussi le rétablir par un acte public!

Je réponds à la première exclamation. — Il faut ici distinguer le droit et le fait. Puisqu'on m'accuse de poursuivre les lois qui ne me paraissent point en harmonie avec la charte, il faut donc admettre que je reconnais la charte octroyée par le Roi l'an 19e. de son règne; cette date fait elle-même partie de la charte, ainsi le règne du roi datait de 19 ans, le jour qu'il a donné la charte: or il n'était roi de fait que depuis un moment, autrement on le rendrait responsable de tout le mal qui a précédé le régime constitutionnel. Son règne de 19 ans était donc un règne de droit, et je n'ai pas contesté ce règne annoncé par la charte; je ne conteste donc pas la légitimité, et quand je dis le roi n'ayant pas encore été replacé sur le trône, il ne faut pas en conclure que je le présente comme déchu de son droit légitime, mais il faut se rappeler la lettre du Roi au prince Régent d'Angleterre: « Après Dieu, lui dit-il, c'est à vous que je dois ma couronne! » Bien certainement le Roi n'entendait pas dire qu'il devait son droit au prince Régent, mais seulement qu'il lui devait la facilité de remonter sur le trône. Le Roi distinguait donc aussi le droit et le fait! pourquoi voudrait-on que je ne fisse pas la même distinction? Puisqu'en 1814 le roi déclarait qu'après Dieu c'était au prince Régent qu'il devait sa couronne, il n'avait donc pu se replacer de lui-même sur son trône, il avait donc fallu qu'on l'y replaçât; donc on pourrait dire qu'avant la restauration, le roi n'ayant pas encore été replacé sur le trône, n'avait pu donner la charte. Or, pendant les cent jours, les choses étaient revenues dans l'ordre où elles se trouvaient avant la restauration. Pourquoi donc ne pourrait-on pas dire que pendant les cent jours le Roi n'ayant pas encore été replacé sur le trône, n'avait pu faire tel ou tel acte. — Entend-t-on parler du *droit imprescriptible de la légitimité*: je n'en ai dit mot. Il faut donc entendre le fait: eh bien! dans le fait, le Roi n'était pas sur le trône pendant les cent jours, puisque des pièces publiques, des journaux et des actes, etc. parlent de l'interrègne des cent jours. Puisqu'il n'y était pas, il fallait qu'il y revînt de lui-même ou qu'il y fut replacé; s'il avait pu y revenir de lui-même, il aurait pu s'y maintenir, et nous aurait épargné une invasion dont il a publiquement déploré les malheurs; il a donc fallu qu'il y fut replacé ; par qui? ce n'est pas la question; par le prince Régent, par la volonté divine? qu'importe à ma justification, pourvu qu'il y ait été replacé! Or, c'est une vérité incontestable; et d'avoir dit cette vérité, qui n'est nullement injurieuse, ne constitue aucun des délits prévus par les art. 5, 8 et 10 de la loi du 9 novembre.

Je réponds maintenant à la seconde exclamation du ministère public : *La charte, cet acte immuable donné pour toujours et à jamais, il fallait donc aussi le rétablir par un acte public !*

Distinguons toujours le droit et le fait.

La charte était bien certainement suspendue pendant les cent jours, il me semble superflu de le prouver. Cet acte public, que je crois avoir été nécessaire pour son rétablissement, était l'apparution du Roi dans la capitale; une ordonnance qu'il eût rendue sur un objet quelconque, un acte d'autorité quelconque dans les formes légales et dont le roi eût été ostensiblement et incontestablement l'auteur, voilà ce que j'ai entendu en disant que *si la charte n'a pu être ostensiblement, légalement et incontestablement remise en vigueur qu'après la protestation du 8, cette protestation ne peut-être condamnée par la charte.* Et, en effet, sans tout ce que je viens de dire, la charte serait encore dans son sommeil des cent jours. Ici, messieurs, on ne peut dire que je suis habile à trouver des subterfuges : La charte n'a pas été rétablie autrement que je le demandais, c'est-à-dire par la présence incontestable du Roi, et l'on ne voit pas que j'aie jamais trouvé qu'il fallût autre chose. Dans mes écrits antérieurs à celui-ci, j'ai constamment défendu la charte ; ainsi je reconnaissais qu'elle avait été remise en vigueur par la seule présence du Roi, par le retour incontestable de son autorité légale ; elle ne pouvait être rétablie avant. Où est le crime d'avoir dit une chose si évidente ? Et parce que j'ai dit que Louis XVIII n'avait besoin que de se présenter pour rétablir la charte par sa première ordonnance, comment ai-je mérité qu'on dit dans les conclusions prises contre moi, qu'*il est des hommes pour qui le besoin du changement et de la mobilité est devenu un vice d'éducation et une funeste habitude* (1) ? Cette attaque indirecte était peu nécessaire pour appuyer l'accusation, et elle est vraiment admirable de

(1) Annales du 8 février, pag. 3, col. 2, parag. 1, lig. 6.

la part de l'organe du ministère public, qui ayant étudié sous le même régime, dans le même tems et dans les mêmes établissemens que moi, pourrait craindre que je ne lui renvoyasse le trait, que, par respect pour le tribunal, je laisse tomber à mes pieds.

Au reste, si on ne se contentait pas de mes raisons, probablement on se contenterait des paroles du Roi. Or, le Roi a dit dans sa proclamation datée de Cateau-Cambraisis, le 25 juin 1815 (2me paragraphe), *nous nous hâtons de rentrer dans nos Etats pour y rétablir la constitution que nous avions donnée à la France.*

La constitution était donc au moins suspendue, et Louis XVIII la ramenait avec lui; il la rétablit à Paris en y rentrant, mais il n'y rentra qu'après la protestation de la Chambre, ou pendant que se faisait cette protestation.

Maintenant, messieurs, pour montrer de quelle manière j'ai justifié la protestation de la Chambre des cent jours, je vais vous lire ce que j'en ai dit.

« *La loi du 9 novembre considère comme sé-*
» *ditieux les écrits qui auraient, même indi-*
» *rectement, excité à désobéir au Roi et à la*
» *charte constitutionelle. Cette disposition*

» *s'applique évidemment au passage où le » sieur Scheffer, après avoir fait un pompeux » éloge de la chambre des cent jours, convo- » quée par l'usurpateur, ajoute, dans la note, » page 11 : cette chambre des représentans fut » courageuse jusqu'au dernier jour, et le 8 » juillet encore, elle en donna une preuve » remarquable, par la protestation de ce jour.*

» M. l'avocat du Roi, accorde qu'en l'absence » du Roi, on a pu, sans crime, entrer dans » la chambre des représentans. Je ne m'arrête- » rai donc pas à le prouver. De cette concession » NÉCESSAIRE que nous fait le ministère public, » concluons que puis que sans la convocation » royale, on a pu siéger dans la chambre des » représentans, la charte était suspendue par la » force des circonstances, et si elle n'a pu être » ostensiblement, légalement et incontestable- » ment remisé en vigueur qu'après la protesta- » tion du 8, cette protestation ne peut-être con- » damnée par la charte; or, pour que la charte » fut remise en vigueur, suffisait-il que le *Moni-* » *teur* du 7, annonçat officiellement que les » chambres étaient dissoutes? comment était-il » constant que ce *Moniteur* officiel le 6, contre » le Roi, était officiel le 7 pour le Roi? où

» était le Roi lui-même, lors de cette annonce » officielle du *Moniteur*? dans le camp des al- » liés, au milieu des bayonnettes étrangères. » Savait-on s'il y était libre ou contraint? ceux » qui avaient pu sans crime l'attendre pendant » cent jours au Palais Bourbon, ne pouvaient- » ils l'y attendre encore vingt-quatre heures? Il » rentra dans Paris le 8 juillet, et la chambre » protesta le 8, parce qu'une ordonnance de » dissolution ne doit poit être signifiée à une » chambre par des factionnaires, et surtout, » par ce que le Roi n'ayant pas encore été re- » placé sur le trône, n'avait pu rétablir, par un » acte public, la charte dont on s'arme ici » avec plus de zèle que de raison; et si, comme » on pouvait le penser, la dissolution des cham- » bres, au lieu d'être l'œuvre du Roi, eût été » celle des alliés, que devait inquiéter la cons- » tance et l'énergie de cette chambre, les repré- » sentans, au lieu d'être des séditieux, ne se se- » raient-ils point noblement placés à côté des » sénateurs romains attendant sur la chaise » curule les Gaulois et la mort? Et je le de- » mande, qui pouvait les assurer que les alliés » n'abuseraient pas du nom du Roi, comme » naguères Napoléon, abusait du nom des sou- » verains dont il envahissait les états? On se

» rappelait que les Prussiens avaient délivré la » Prusse, en apparence, contre la volonté de » leur Roi ; on protesta contre la violence, on » se serait peut-être soumis à un message dans » les formes. Cette seconde accusation, que la » prudence devait écarter, quelque nécessaire » qu'elle parût pour démontrer la culpabilité » du prévenu, tombe encore d'elle-même. »

Les deux points du rétablissement de la charte et de la seconde restauration ayant été justifiés, comme on l'a vu, je présume avoir levé tous les doutes du tribunal sur ce cinquième des passages attaqués, et je passe au sixième.

Le voici tout entier :

» *Je ne puis*, dit M. Scheffer, page 56, » *adopter l'idée que c'est au gouvernement* » *seul à défendre les intérêts nationaux vis-* » *à-vis des puissances alliées*, et M. l'avocat » du Roi voit en ceci une provocation (1) indi- » recte à désobéir à la Charte, parce que (2) » *la Charte prononce que le Roi est le chef* » *suprême de l'Etat, qu'il commande les forces* » *de terre et de mer, déclare la guerre, et*

---

(1) Moniteur du 12 janvier, pag. 48, col. 2, parag. 3, lig. 1.

(2) Moniteur du 12 janvier, pag. 48, col. 2, parag. 4, lig. 1.

» *fait les traités de paix et d'alliance*. Certes, » la phrase rapportée ici est bien innocente! » et pourquoi le Gouvernement défendrait-il » seul des interêts qui sont ceux de la nation, » plus encore que les siens? M. Scheffer parle » de diminuer les dépenses publiques, il me » semble que ceci regarde directement ceux » qui votent le budget; aussi, dit-il (page 56, » ligne 17) *je laisse à la Chambre des dépu-* » *tés* ET AU GOUVERNEMENT A CONSIDÉRER *s'il faut* » *continuer de se soumettre à cette dépense* » (l'argent payé aux alliés) *ou s'il faut pren-* » *dre avec les alliés un langage plus conforme* » *au vœu national.* Ce n'est pas ainsi qu'on » ENJOINT (1) *aux députés de prendre un lan-* » *gage énergique envers les étrangers*, *et* » *d'aviser*, INDÉPENDAMMENT DE LA VOLONTÉ DU » ROI, *au moyen de les renvoyer?* M. l'avocat » du Roi paraît s'être mépris, ou le censeur du » *Moniteur* a eu grand tort de laisser passer » une semblable inexactitude. »

L'inexactitude que je signale était de nature à entraîner la condamnation de l'accusé; elle

---

(1) Moniteur du 12 janvier, pag. 48, col. 2, parag. 4, lig. 7. Ceci est fort important dans la cause de M. Scheffer, et peut être dans la mienne.

existe dans le *Moniteur*, elle appartient au Ministère public ou au rédacteur. Si elle appartient au rédacteur, qu'il la prenne sur son compte; je n'ai pas dit qu'elle appartînt au ministère public, en quoi suis-je condamnable? Si elle appartient au ministère public, c'est de sa part une erreur bien involontaire, et je suis persuadé qu'il me sait gré de la lui avoir indiquée, car il m'a dit *que jamais les misérables inquiétudes de l'amour-propre n'approcheront des cœurs que purifie le sentiment du devoir, qu'élève l'honneur de rendre la justice* (1), *etc.* Mais ces nobles motifs qui prémunissent les magistrats contre tout esprit de vengeance, ne les prémunissent pas aussi bien contre l'erreur; témoin ma préface de six lignes, où l'on a lu: *a défendu les principes* pour *a voulu défendre*, ce qui prouve que j'étais personnellement intéressé à signaler une erreur qui pouvait se renouveler, et qui s'est en effet renouvellée à mon préjudice. Au reste, on m'a bien dit que ce passage était condamnable, mais on ne m'a point dit, ni fait voir comment il pouvait l'être, et cela me fait croire qu'il ne l'est point. Je passe donc au septième.

---

(1) Annales du 8 février, pag. 2, col. 2, parag. 2, lig. 25.

« Monsieur Scheffer est en outre accusé de » calomnie pour avoir rapporté une lettre où » l'on rend compte du jugement qui acquitte » un individu prévenu d'avoir assassiné le gé- » néral Lagarde, pour avoir dit que *la décla-* » *ration du jury semble faite pour encourager* » *les assassins*, et pour avoir fait imprimer en » lettres capitales les noms de ces jurés.

» Les jurés paraissent aux audiences le visage » découvert, ils sont connus du public, qu'on » imprime ou qu'on n'imprime pas leurs noms; » les lettres capitales ne font rien à la chose; » et il est permis à tout le monde de dire et » d'écrire que M. tel était juré dans telle affaire, » attendu que ce n'est point un déshonneur » d'être juré. Le crime de M. Scheffer se réduit » donc à ceci : il a dit que *la déclaration du ju-* » *ry semble faite pour encourager les assas-* » *sins*.

» Or, si en effet l'accusé avait assassiné le » général Lagarde, la déclaration du jury qui » le renvoie absous semblerait faite pour en- » courager les assassins (c'est-à-dire être ca- » pable de les encourager, être de nature à les » encourager; car lorsqu'on trouve aux ex- » pressions deux explications également natu- » relles, il ne faut pas choisir la moins inno- » cente), il resterait à rechercher si l'accusé

» avait assassiné le général. Acquitté par jugement, il est désormais absout devant la loi; » mais s'il était coupable, l'opinion publique » le poursuivrait au défaut de la loi. Et notez » bien que M. Scheffer n'a point fait entendre » comme l'insinue l'article du Moniteur, que » *les jurés ont agi contre leur propre conviction*. Ils ont pu être convaincu que l'accusé » était innocent; leur déclaration n'en semblerait pas moins faite (c'est-à-dire de nature à) » pour encourager les assassins, si celui qu'ils » renvoient absout est un assassin.

» Si leur déclaration les déshonore, c'est une » affaire faite au tribunal; M. Scheffer n'a pu » les déshonorer davantage, et si leur déclaration ne les déshonore pas, comment peut-on » les calomnier en la publiant? Si *M. Scheffer, étranger au procès* (1), *ne sait pas quelles* » *circonstances ont pu déterminer les jurés* (2), » les jurés se disculperont en publiant ces circonstances : la France est curieuse de les » connaître. Elle les connaîtrait si la presse » était libre : les écrivains, les journaux des

(1) Moniteur du 12 janvier, pag. 48, col. 2, parag. 8, lig. 11.

(2) Moniteur du 12 janvier, pag. 48, col. 2, parag. 8, lig. 13.

» départemens voisins les auraient publiées,
» et M. Scheffer ne serait pas réduit à parler,
» peut-être d'après des documens inexacts, de
» choses dont un brave homme ne peut se
» taire. Ainsi la loi qui restreint la liberté de
» la presse le force à s'en rapporter à des ren-
» seignemens peu surs, et une autre loi le punit
» de s'en être rapporté à ces renseignemens. Pour
» éviter cet écueil, il fallait se résoudre à fermer
» l'oreille aux cris des malheureux qu'on assas-
» sine. M. Scheffer peut avoir mal rapporté la
» chose; mais, dans tous les cas, s'il a contribué
» à déchirer le voile dont on s'obstine à environ-
» ner les victimes et les assassins, il a bien mérité
» de l'humanité; et qu'on ne vienne pas nous
» dire qu'*il rampe dans le foyer de nos dis-*
» *cordes pour chercher sous leurs cendres des*
» *tisons à rallumer;* il voit des crimes abomina-
» bles qui restent impunis, il voit des assassins
lâchés au milieu de la population, et ne peut
» se défendre d'un sentiment d'horreur.

» Voilà le principe qui a dirigé sa plume.
Vainement dirait-on que de semblables for-
faits doivent rester dans l'oubli. Non, quand
une foule de brigands s'arment de poignards
» et de brandon, il faut que les citoyens paisi-
» bles, menacés dans leurs propriétés et leur

» personne, soient rassurés par la certitude » qu'au défaut de la force armée, quelquefois » insuffisante, le reste de la population volerait » à leur secours.

Y a-t-il ici un délit? qu'on me le montre, je ne le vois pas, et ce délit serait-il un de ceux prévus par les articles 5, 6 et 10 de la loi du 9 novembre. Je crois avoir suffisamment justifié ce septième passage en le rapportant; je justifierai de même le huitième que voici.

M. Scheffer a encore parlé de divers autres » jugemens qui tous ont affligé les amis de » l'humanité. Je ne veux point accuser les ju- » rés d'avoir parlé contre leur conscience; » mais parmi ces jugemens inconcevables, il » en est un plus inconcevable que les autres, » c'est celui qui condamne à deux mois d'em- » prisonnement et cent francs d'amende (quoi- » que le procureur du Roi eut conclu à la peine » capitale, ce sous-officier qui ayant ordonné » à un paysan de crier vive le Roi, lui tira, non » pour le punir de son refus, comme le dit » M. Scheffer, mais seulement de sa désobéis- » sance, deux coups de fusil dont le malheu- » reux mourut au bout de vingt-deux mois de » souffrances horribles. Le meurtrier a satis- » fait à la justice, a-t-il satisfait à la morale » publique? Aura-t-il été admis, sera-t-il con-

» servé dans les rangs de la garde royale, par-
» mi les nobles restes de cette vieille garde *qui*
» *meurt et ne se rend pas.*

Y a-t-il ici l'ombre d'un délit? en vérité, je ne le conçois pas.

Voici le neuvième et dernier des passages attaqués; enfin M. Scheffer n'a plus rien à démêler ici : le passage est de moi seul ; et ce qui étonnera quelques personnes dans le monde, c'est que je suis accusé d'y avoir fait un pompeux éloge de *Buonaparte.*

J'ai dit quelque part, en parlant de cet homme extraordinaire : *je suis trop ami de l'ordre pour lui donner des éloges défendus, et trop indépendant pour en dire du mal, quand je ne puis en dire du bien.* C'est là ma profession de foi ; en conséquence, j'ai souvent résolu de ne plus prononcer son nom, mais pendant quinze années il a rempli l'univers ; quelque sujet que l'on traite, son ombre apparaît à l'auteur qui médite et lui dit : je fus maître du monde ; ceci est encore mon ancien domaine : de quoi parleras-tu si tu ne parles de moi ! J'ai donc parlé de lui ; ai-je fait son éloge, c'est ce que j'examinerai tout à l'heure.

Le sieur Esnaux, dit le ministère public, *termine sa brochure par un pompeux éloge de Bonaparte, et dit, notamment page 30, qu'à l'île d'Elbe, ce fut encore l'opinion qui lui tendit la main et le releva dans toute sa hauteur* (1).

En isolant ainsi les phrases, en arrêtant un auteur au milieu de sa pensée, on lui trouve un crime où il n'en a pas fait lui-même.

Cependant, si je dis vrai, sont-ce les articles 5, 8 et 10 de la loi du 9 novembre qui me puniront d'avoir dit vrai ? Non ; la loi même du 9 novembre ne punit point ceux qui disent la vérité.

Or, j'ai dit vrai : Huit cent grenadiers et même huit cent grenadiers de la vieille garde, pouvaient-ils ébranler tout un Empire ? et si Napoléon n'a pas été ramené par ces huit cents grenadiers, par qui donc a-t-il été ramené ? A-t-on oublié comment le procès du maréchal Ney a prouvé que l'armée courut au devant de ses aigles ? a-t-on oublié que plusieurs témoins, non suspects de bonapartisme, ont parlé de la population qui se soulevait à son approche ? a-t-on oublié que plusieurs villes arborèrent ses drapeaux avant qu'il n'arrivât dans leurs murs ? pourquoi en m'attaquant sur une

(1) Annales du 8 février, pag. 3, col. 2, parag. 2, lig. 1.

phrase, qui, par la manière dont elle est placée, n'est et ne peut être un éloge, me force-t-on à chercher ma défense dans des moyens fâcheux à produire, quoique bien réels! Si une conspiration, si l'armée l'avait ramené toute seule, les trois quarts de la France auraient au moins attendu qu'une apparence de violence autorisât leur soumission; mais à l'exception de quelques villes, tout le reste a couru au devant de son joug. De ce que je doute qu'il y ait eu une conspiratton tendante à le ramener, on ne peut rien conclure de mon opinion sur les jugemens qui ont condamné plusieurs officiers. On a pu les trouver coupables, mais je ne sache pas qu'on ait reconnu et prouvé une combinaison dans leurs démarches, ni un plan nécessaire pour caractériser une conspiration. Ils marchèrent au-devant de celui qui revenait, comme les soldats eux-mêmes, comme une foule de paysans. Ils furent plus remarqués, parce qu'ils étaient plus élevés, et punis parce qu'ils devaient s'opposer à cette défection générale. Ceci est l'exposé d'un fait pur et simple, que tout le monde sait et que d'ailleurs on me force à dire. Si maintenant, en remontant à la cause de ce fait, on cherche à qui en est la faute et sur qui doit en retomber le blâme : JE RÉPONDRAI QUE CE N'EST PAS SUR LE ROI, QUI EST INVIO-

LABLE ET NON RESPONSABLE, mais sur les agens responsables, qui ayant condamné l'armée à la misère et à l'humiliation, parvinrent à l'égarer à force de mauvais traitemens ; sur les journalistes qui se plurent à parler d'un projet soumis au congrès de Vienne, d'arracher Napoléon de l'île d'Elbe, nouvelles vraies ou fausses, qui pouvaient irriter l'armée.

Sur ceux qui se plurent à répéter faussement que Berthier avait offert de restituer au roi un bien national, tandis que d'autres publiaient qu'une grande dame avait déjà retiré son domaine des mains des acquéreurs; nouvelles qui devaient inquiéter une grande partie de la population, et qui sont déclarées séditieuses par la loi du 9 novembre.

Sur cet ex-seigneur limousin, qui au milieu du service divin, revendiquant ses vieux droits de seigneur, voulut se mettre au-dessus du maire, frappa les bancs à coups de bâton, querella le sacristain et brisa le pain béni, sans qu'un pareil scandale lui valût le moindre châtiment. Tous ces faits étaient des oppositions particulières et coupables aux ordres du Roi; mais tous ces faits et mille autres pareils avaient excité un mécontentement irréfléchi, peut-être adroîtement soutenu par quelques personnes intéressées à un changement. Toujours est-il que le mécontentement était presque général. Le Roi lui-même en fait en quelque sorte un loyal aveu dans le second paragraphe de sa proclamation datée de Cambrai, le 28 juin 1815, en disant : « *Mon gouvernement devait faire des* » *fautes*, PEUT-ÊTRE EN A-T-IL FAIT. Il est des » tems où les intentions les plus pures ne suffi- » sent pas pour diriger, OU MÊME ELLES ÉGARENT ; » L'EXPÉRIENCE SEULE POUVAIT *avertir*, *elle ne* » *sera pas perdue* ». Que conclure de tout » ceci ? que l'opinion fut égarée ; quelque proclamation doit avoir consacré cette locution, *égarer l'opinion*, et si elle s'est égarée, n'a-t-elle pas pu relever celui qu'elle avait déjà abattu une fois, et l'abattre une seconde fois quand elle cessa d'être égarée.

Y a-t-il encore ici un des délits prévus par les articles 5, 8 et 10 de la loi du 9 novembre.

Prétendra-t-on qu'en disant que l'opinion avait relevé Napoléon dans toute sa hauteur, *j'invoque le nom de l'usurpateur.* (1) L'interprétation serait un peu forcée ; mais quand je finis par dire que l'opinion l'a de nouveau précipité dans l'abîme, je détruisais le délit aussitôt qu'il est né.

On dit que je fais un pompeux éloge de Na-

(1) Loi du 9 novembre.

poléon ; voici la substance de cet éloge : *il fut long-tems invincib'e ; lorsqu'il heurta l'opinion, elle le culbuta ; quand elle l'eut relevé à l'île d'Elbe , il la heurta encore et fut encore culbuté.* On doit être deux fois plus satisfait que mécontent, puisque si j'ai dit qu'il avait été relevé une fois , j'ai dit qu'il avait été renversé deux fois.

Le ministère public a beau m'inviter par son exemple (1) à louer *Bonaparte* , je ne profiterai pas de cette permission, toute loyale qu'elle puisse être. Je ne suis pas louangeur, de ma nature ; mais ce qui m'étonne encore plus que cette permission étrange accordée à l'instant même où l'on me repoche un pompeux éloge de Bonaparte (2), c'est qu'on me demande *si* malgré tout *il n'est pas un usurpateur* (3). Qu'il le soit ou ne le soit pas , je ne l'ai point dit , je ne l'ai point nié , que me veut-on ? me fera-t-on un crime de mon silence comme de mes paroles ? et que peuvent avoir de commun avec le procès d'un parisien les anciens Perses, et leurs

---

(1) Annales du 8 février , pag. 3 , col. 2 , parag. 3 , lig. 1 , 2 , 3 , 9.

(2) Annales du 8 février , pag. 3, col. 2 , parag. 2 , lig. 1.

(3) Annales du 8 février , pag. 3 , col. 2 , parag. 3 , lig. 15.

chevaux, et Thèbes et son énigme (1) ! Mais en y songeant mieux, il m'est venu un singulier scrupule : dans tout cet *éloge pompeux de Bonaparte*, il est une ligne qui scandalise le ministère public au point de lui faire oublier tout le reste de *l'éloge pompeux* (2), la voici : *à l'île d'Elbe ce fut encore l'opinion qui le releva dans toute sa hauteur.* Les cinq derniers paragraphes du discours rapporté dans les Annales du 8 février ne portent que sur cette malheureuse ligne. C'est donc parce que j'ai dit que l'opinion avait relevé Napoléon, que l'on me demande si Bonaparte n'est pas un usurpateur (3), quoiqu'il ait pu faire de grand dans le cours de sa domination.

Eh quoi! dire que l'opinion l'a relevé, signifierait qu'il n'est pas un usurpateur! l'opinion déciderait donc de la légitimité! ce n'est pas moi qui l'ai dit... certes, le ministère public ne pouvait et ne voulait insinuer rien de semblable, néanmoins, cette insinuation dérive assez naturellement de son discours, comme on peut le voir, et j'en prends acte uniquement pour éta-

---

(1) Annales du 8 février, pag. 3, col. 2, parag. 3, lig. 21, 22.

(2) Annales du 8 février, pag. 3, col 2, parag. 2, 3, 4, 5.

(3) Annales du 8 février, pag. 3, col. 2, parag. 3, lig. 13.

blir que les intentions les plus pures, les talens les plus exercés, et le sacerdoce de la magistrature, n'empêchent pas qu'il ne puisse échapper à tout le monde, même dans le silence du cabinet (1), une expression hasardée, une phrase qui, rapprochée d'une autre, ou seulement comparée au sens général du passage où elle se trouve, non seulement ne dit pas ce qu'on veut dire, mais encore, dit absolument le contraire, comme il est arrivé ici.

Si l'on s'obstine à vouloir que j'aie attaqué le principe de la légitimité, il faudrait accorder que la légitimité dépend de l'opinion : on ne l'accordera pas; je n'ai donc pas attaqué le principe de la légitimité, en disant que l'opinion avait ramené Napoléon. D'un autre coté, si l'on prétend que j'ai, par cette phrase, *invoqué le nom de l'usurpateur* (2); je demanderai ce qu'on voudra que j'aie fait, en disant que finalement l'opinion l'avait renversé une seconde fois.

Je me résume.

Le vice de l'ensemble de mon ouvrage, ne peut naître de l'ensemble même, puisqu'on n'a point fait voir comment existerait ce vice in-

---

(1) M. l'Avocat du Roi avait écrit son discours.

(2) Loi du 9 novembre.

concevable. C'est ce que j'ai établi dans le commencement de mon discours. Le reste de ce discours a eu pour but de justifier les détails, et par conséquent l'ouvrage entier, puisque le vice de l'ensemble viendrait du vice des détails. Je crois avoir réussi.

J'ajouterai quelques réfléxions sur l'esprit qui règne dans le discours du ministère public, ceci me semble tout-à-fait nécessaire à ma cause.

Le ministère public déclare d'abord qu'on ne peut me reprocher envers lui *aucun tort réel* (1), et que *la réfutation des opinions du ministère public, telle que je me la suis permise, n'a rien par elle-même de répréhensible légalement.* J'avais tâché de me renfermer, et je me flattais de m'être effectivement renfermé dans des bornes plus étroites, quoi qu'il en soit l'aveu du ministère public me suffit : il déclare que sur ce point, je ne suis pas légalement répréhensible; vous n'en demanderez pas davantage, mais bien que le ministère public nous ait averti qu'en faisant cet aveu, il n'affectait pas *générosité fastueuse* (2), si pourtant, à son

---

(1) Annales du 8 février, pag. 2, lig. 10 et 14.

(2) Annales du 8 février, pag. 2, col. 2, parag. 2, lig. 8.

insu, les habitudes de son cœur l'avait ramené aux sentimens d'une générosité honorable, mais trop débonnaire, cette générosité même contribuerait à ma perte; car elle aurait fait omettre des charges que j'aurais pu détruire si on les avait établies, et ces charges que je ne puis combattre puisqu'elles ne sont point proposées, et que je ne saurais même les deviner sans me déclarer coupable, peuvent laisser dans vos esprits, des impressions facheuses; cette appréhension d'ailleurs si naturelle, ne me trouble point devant vous : je me confie à votre justice et à la bonté de ma cause.

Cependant je dois combattre quelques attaques indirectes, que par inadvertance sans doute, et à l'insçu de sa générosité, le ministère public a laissé subsister dans son discours.

Et d'abord, pour les craintes qu'il me suppose et dont il a peur d'être obligé de *rougir* (1), je le remercie de sa bienveillante sollicitude, je lui sais gré des encouragemens qu'il me prodigue, mais j'ai regret d'être obligé de lui avouer que je n'en avais pas besoin : les craintes du S[r]. Esneaux n'ont encore fait rougir personne.

Le ministère public dit : « quand le *S[r]. Es-*

---

(1) Annales du 8 février, pag. 2, col. 2, parag. 2, lig. 20.

» *neaux trouve aujourd'hui son accusateur dans*
» *celui qu'il a censuré, qu'il se rassure donc*
» *pleinenement, qu'il ne nous fasse pas rougir*
» *de ses propres craintes*, *et d'ailleurs qu'ils*
» *sachent bien lui et tous ceux qui par des*
» *critiques plus ou moins amères, croient*
» *venger leurs amis de la sévérité de nos*
» *fonctions; Ah! qu'ils sachent bien que ja-*
» *mais les misérables inquiétudes de l'amour-*
» *propre, n'approcheront des cœurs que pu-*
» *rifie le sentiment du devoir* etc. (1). »

Il suivrait de-là, que j'aurais voulu par une critique amère venger mon ami de la sévérité des fonctions du ministère public, et M. Scheffer serait cet ami.

Ici, messieurs, je porte la peine de mon obscurité : on voit un homme qui écrit en faveur d'un accusé, et tout de suite on conclut que le premier est l'ami du second; car il n'est pas toujours sûr de s'intéresser aux malheureux. et tout le monde ne conçoit pas qu'un homme de bon sens se compromette pour un homme qui lui est indifférent. Eh bien, messieurs, il y avait entre M. Scheffer et moi plus que de l'indifférence. J'avais trouvé, dans une de ses

---

(1) Annales du 8 février, pag. 2, col. 2, parag. 2, lig. 19 et suivantes, mais notament lig. 22, 23, 24.

premières brochures quelques expressions qui m'avaient blessé l'oreille, et dans un de mes écrits, je l'avais repris avec dureté. Dans la brochure même pour laquelle vous l'avez condamnée, et pour laquelle je suis accusé de l'avoir défendu, il me répondait avec aigreur. Je ne connaissais de cette brochure que la préface où se trouve quelques lignes peu flatteuses pour moi; je ne connaissais le procès que par le bruit public et le Moniteur du 12 janvier, quand je commençai l'ouvrage qui m'amène devant vous. J'avais vu autrefois M. Scheffer, mais par hazard seulement; je l'évitais depuis que ses écrits m'avaient indisposé contre lui, je ne l'ai revu qu'une fois, c'était le jour de son jugement; j'allai lui offrir de lire devant vous mes réflexions sur son procès. Des raisons qui faisaient honneur à sa délicatesse l'empêchèrent d'accepter mes offres, et depuis je ne l'ai plus revu. Voilà comment je suis l'ami de M. Scheffer, voilà ce que savent tous ceux qni me lisent, et si beaucoup de personnes l'ignorent, c'est que j'ai le malheur de n'être pas célèbre. Je n'ai donc pas été conduit par le désir *de venger mes amis de la sévérité des fonctions du ministère public;* il était très-facile d'éviter cette erreur, si contraire à mes intérêts et à la justice: ma préface n'a que six lignes, on la lit toute entière d'un seul coup-d'œil : or, le ministère public y a jeté un coup-d'œil, témoin les mots qu'il a rapportés, un peu inexactement, il est vrai, mais toujours assez bien pour montrer qu'il avait lu cette préface, et comment n'y a-t-il pas remarqué la phrase suivante : *On ne m'accusera pas de m'être laissé gagner par les louanges que me donne M. Scheffer.* Ce passage lui eût fait concevoir des doutes sur la réalité de l'amitié qu'il supposait établie entre M. Scheffer et moi, et il n'aurait pas insinué, comme il le fait, que mon ouvrage était dicté par un esprit de vengeance, surtout après avoir confessé huit lignes plus haut que *ma critique n'avait rien de répréhensible légalement* (1). Je connais les rigueurs forcées du ministère public ; mais quand on a prononcé le mot de générosité, peut-être devrait-on s'épargner des exclamations assez étrangères au délit présumé et qui ne sont rien moins que généreuses ; comme cette première : *D'obscures artisans de discordes auraient-ils voté des primes d'encouragement à quiconque braverait l'action des lois?* (2).

---

(1) Annales du 8 février, pag. 2, col. 2, parag. 2, lig. 14 et 15.

(2) Annales du 8 février, pag. 3, col. 1, parag 1, lig. 6.

Comme cette seconde : *Il est des hommes pour qui le besoin du changement et de la mobilité est devenu un vice d'éducation et une funeste habitude* (1). Si cela ne s'applique pas à moi, je ne vois pas l'utilité de l'avoir inséré dans des conclusions contre moi ; si on m'en fait l'application, je désire que l'on me montre en quoi j'ai mérité cette louange ; pour moi je l'ignore tout à-fait.

Ah! si vous étiez à la suite de son char clandestin, reprend le ministère public après douze lignes d'éloges (2) et quelques lignes de blâme contre Bonaparte, lignes à travers lesquelles se trouvent jettés les anciens Perses avec Thèbes, et des chevaux avec des énigmes. Ah ! si vous étiez à la suite de son char clandestin, lorsqu'à la faveur des ténèbres il rentrait furtivement dans cette capitale, dites-nous donc quelles preuves d'enthousiasme et d'allégresse vous avez remarqué sur son passage, quand, pâle de ses revers futurs, il nous apportait son agonie ; et quand Paris, silencieux, sombre

(1) Annales du 8 février, pag. 3, col. 2, parag. 2, lig. 1, 2, et suivantes jusqu'à 12.

(2) Annales du 8 février, pag. 3, col. 2, parag. 1, lig. 6.

et sévère, renvoyait sur le front de ce grand banni, l'épouvante qu'il inspirait! (1)

A cette éloquente apostrophe, je réponds un mot : je n'y étais pas. Ici une chose m'étonne, c'est que personne ne veut avoir assisté à ce retour, et tout le monde en parle comme si l'on y avait été. Pour moi je n'ai vu aucun départ, ni aucun retour ; et je ne sais pourquoi l'on me questionne là-dessus.

Chose étrange, reprend le ministère public, le sieur Esnaux et tous ceux qui écrivent sous la même dictée, louent Bonaparte avec exagération. (2) Si personne ne l'avait jamais loué plus que moi, ou si du moins ceux qui l'ont loué aux jours de sa splendeur, ne le déchiraient pas sans nécessité aux jours de ses misères, il y aurait bien des fronts qui ne seraient pas forcés de désapprendre à rougir.

Quand les puissances s'inclinaient jusqu'à terre, je restais debout devant lui, n'ayant rien, ne demandant rien, songeant à peine à lui : aujourd'hui que ses anciens flatteurs s'unissent à ses éternels ennemis, je regarde en

---

(1) Annales du 8 février, pag. 3, col. 2, parag. 5, lig. 2 et suivantes.

(2) Annales du 8 février, pag. 3, col. 2, parag. 5, lig. 8 et suivantes.

pitié les déclamations injurieuses de ceux dont autrefois je méprisais le culte et dédaignais l'idole.

Dès qu'on m'a vu louer les idées libérales (d'ailleurs consacrées par la charte) , on a supposé que j'avais loué Bonaparte ; puis on s'est émerveillé de cette *chose étrange*, de *cette singulière contradiction*.... et *cette chose étrange ! cette singulière contradiction* amènent d'autres choses que je ne qualifie pas d'étranges, mais qui pourtant ne sont pas bien simples à concevoir ; les voici : *Chose étrange !* (1), *le sieur Esnaux et tous ceux qui écrivent sous la même dictée, louent Bonaparte avec exagération et vantent en même tems l'indépendance, les idées libérales,* LA LIBERTÉ DE LA PRESSE ; *singulière contradiction ! Bonaparte et l'indépendance! Bonaparte et les idées libérales ! Bonaparte et* LA LIBERTÉ DE LA PRESSE! *Qui peut donc concilier ces élémens incompatibles? le voici : la base de notre sécurité s'est élevée entre les deux fléaux de la révolution et de l'usurpation. C'est donc une égale victoire pour les factieux* LORSQU'ILS RANIMENT LES PRINCIPES RÉVOLUTIONNAIRES , *ou qu'ils attaquent la légitimité.*

---

(1) Annales du 8 février, pag. 3, col. 2 , parag. 5, lig. 8.

Voyez, Messieurs combien il conviendrait de se montrer indulgens pour le vulgaire des écrivains, lorsque le *sacerdoce de la justice* est insuffisant pour prémunir des magistrats contre les inadvertances. Ne semblerait-il pas, au premier coup-d'œil que le ministère public range *la liberté de la presse* parmi les *principes révolutionnaires* que les factieux raniment. On rejette bien loin cette pensée, quand on se rappelle que la liberté de la presse est formellement accordée par la charte, et quand on se souvient de qui nous tenons la charte. Ce n'est ici de la part de l'organe du ministère public qu'une inadvertance certainement bien innocente, et à laquelle personne n'a fait attention Eh bien! Messieurs, mes inadvertances et celles de bien d'autres écrivains passeraient de même *incognito*, si une censure généreuse fermait les yeux à propos. Au reste, l'argument (hazardé sous plus d'un rapport), que l'on a dirigé contre moi, et que je viens de citer, repose sur un principe faux. Je n'ai pas loué *Bonaparte*. Je n'ai parlé de lui qu'à la fin de ma brochure, et voilà cette fin :

« On a osé contester l'existence de l'opi-
» nion publique préalablement baillonnée par
» la loi du 9 novembre, quand elle se tait elle

« paraît anéantie, mais elle existe grande et » forte ; c'est l'Hercule moderne, dont les » épaules soutiennent encore l'Olympe, qui, » lui-même a toujours besoin de cet appui. » Plus puissant que l'Hercule antique, le nou- » vel Alcide parcourt le monde en trois pas, » et renverse du pied les tyrans avec leurs » trônes d'airain. — Ministres constitutionnels, » monarques absolus, craignez le sort de Pro- » custe, laissez grandir les nations.

» Vous souvient-il de Napoléon, ce colosse » effrayant de force et de gloire, de qui la » seule épée jetée dans la balance politique, » emportait toute la foule des Rois vainement » révoltés ? les cieux même, que l'on croyait » lui être soumis comme la terre, se hâtaient » de fermer leurs cataractes aussitôt qu'il » avait dit : je veux donner une fête !. eh bien ! » lorsque Napoléon, armé du glaive extermi- » nateur, heurta l'opinion publique, il ne put » l'ébranler, et fut lui-même culbuté du choc. » A l'île d'Elbe, ce fut encore l'opinion qui lui » tendit la main et le releva dans toute sa hau- » teur. A peine debout il osa recommencer la » lutte, et de nouveau précipité dans l'abîme, » il tomba du trône du grand empire à la roche » de Sainte-Hélène. L'univers encore est pour » long-temps ébranlé de sa double chûte, rit

» de pitié en voyant ceux qui s'en attribuent » l'honneur.

« Où le géant des batailles a succombé deux » fois, qui donc pourrait résister ? Personne, » dit la raison. — Personne , répète l'expé- » rience ».

Il faut d'abord remarquer qu'ici je parle aux ministres constitutionnels et aux Rois absolus, et que l'avis que je leur donne ne touche ni dans ma pensée ni dans mes paroles, les Rois constitutionnels. Ce serait donc une erreur de voir dans les deux dernières lignes une menace contre le Roi. Il n'y a même aucune menace dans ces lignes ; c'est un simple avis, dont personne ne peut s'indigner, ni même se formaliser, après que le Roi a dit : « (4) qu'il est des tems où les intentions les plus pures ne suffisent pas pour se conduire, où même elles égarent. »

J'ai suffisamment justifié cette expression, *l'opinion lui tendit la main , etc.* Voyons maintenant les grands éloges que contient ce passage. J'appelle Napoléon un colosse effrayant de force et de gloire ; je l'appelle le géant des batailles ; le ministère public permet de

(1) Proclamation de Cateau Cambrisis.

louer ses conceptions guerrières (1), et la terre est couverte de ses trophées, depuis les sources du Nil jusqu'aux bouches du Weser, depuis les rives du Tage jusqu'aux glaces de la Moscowa. D'ailleurs je ne lui donne ici que la gloire d'un conquérant, et comme aujourd'hui tout le monde méprise cette gloire, ce prétendu éloge, si l'on voulait être conséquent, pourrait passer, pour un blâme. Mais je rappelle que je ne loue personne et que je ne blâme jamais les malheureux, même quand ils sont mes ennemis peronnels. J'ai ajouté que les cieux se hâtaient de fermer leurs cataractes aussitôt qu'il avait dit, je veux donner une fête. C'était un bruit populaire que je ne devais pas négliger; je ne devais dépouiller d'aucun prestige celui qu'avait renversé l'opinion publique, puisque je voulais montrer la toute-puissance de l'opinion publique. Ai-je vanté les vertus de Napoléon, ai-je dit qu'il faisait le bonheur de la France? Non Je ne l'ai donc pas loué. Je me suis servi de termes pompeux, de figures poétiques, mais non louangeuses. Il faut avouer que j'aurais mal rempli mes vues, si me bor-

(1) Annales du 8 février, pag. 3, col. 2, parag. 3, lig. 8 et 9.

nant à la sèche et triviale réalité, j'avais dit : l'opinion publique est une grande puissance, car elle a fait embarquer deux fois un petit homme tout rond qui prenait du tabac comme un Suisse.

Enfin si j'avais peint le départ de Louis XVIII, on m'aurait traité comme un séditieux ; quand je peins la chûte de son ennemi on me traite encore de séditieux ! en vérité il faudra renoncer à peindre.

Je crois, Messieurs, avoir anéanti toutes les inculpations dirigées contre moi ; et comme d'ailleurs le ministère public a déclaré que la réfutation de ses opinions, telles que je me la suis permise, n'avait rien de répréhensible légalement (1), je me flatte que je serai le premier écrivain acquitté par un tribunal, et je crois pouvoir conclure à ce que faisant droit à l'opposition que j'ai formée, le tribunal m'accorde la main-levée de la saisie exécutée contre moi, et à ce qu'il me renvoie hors de Cour, avec dépens.

Cette justice que je réclame, je l'attends de votre seule équité ; car, Messieurs, je ne me dissimule pas combien la lutte est inégale entre

(1) Annales du 8 février, pag. 2, col. 2, parag. 2, lig. 14.

mon adversaire et moi. L'organe du ministère public se présente dans la lice avec une éloquence long-tems exercée, une réputation faite et tout l'ascendant que donne la magistrature sur un chétif accusé, qui sans l'éclat d'un procès aussi périlleux, débutait incognito dans le monde littéraire et politique. Je plaide contre un homme connu par ses talens; et si la nature m'avait doué de quelque talens, une longue suite d'affreuses misères, une oisiveté forcée ont dû flétrir ces dispositions, d'ailleurs mal développées par l'éducation que j'ai reçue : fils et frère de soldat, et destiné moi-même à la profession des armes, je suis élève du Prytannée français; à cette école, ma jeunesse s'est écoulée entre l'étude des mathématiques et les exercices militaire. Aussi mon discours n'a-t-il rien d'adroit et de séduisant; c'est plutôt celui d'un mathématicien que d'un avocat; en l'écrivant je me rappellai mes premières études, et si le malheur voulait que la politique ramenât le jour sanglant des représailles, quand cette patrie que j'aime, et que jamais un homme n'a balancé dans le cœur d'un élève du Prytanée; quand cette chère patrie, jadis reine du monde, passant d'une noble résignation à une plus noble impatience, fermant sa bourse et tirant l'épée, appellerait à la guerre des arrêts de la guerre ; quand viendrait le tems de se souvenir, qu'après vingt-cinq années de marches, le pas de charge français ayant enfin lassé les aîles de la victoire, la victoire refusa pourtant de passer à l'ennemi, que la victoire n'est pas du moins un des transfuges de Waterloo, et que, veuve de tant de bataillons et pleurant sur leurs cendres et criant vengeance, la gloire en deuil marque le pas et nous attend, alors je me rappellerais les exercices de ma jeunesse, et dans ma personne j'offrirai le reste de ma famille en holocauste à la patrie. Tels sont, Messieurs, les sentimens dont je fais profession, et que rien ne pourra m'arracher du cœur.

J. ESNEAUX.

REY, *Avocat.*

www.ingramcontent.com/pod-product-compliance
Ingram Content Group UK Ltd.
Pitfield, Milton Keynes, MK11 3LW, UK
UKHW020311220726
13923UKWH00003B/1080

9 782329 061672